SOPHIE BACKSEN · SILKE BACKSEN

BUTTER
BEI DIE
FISCHE

Wie wir von Pellworm aus
die Klimapolitik verändert haben

Hoffmann und Campe

Klimaneutral
Druckprodukt
ClimatePartner.com/12325-2205-1001

1. Auflage 2022
Copyright © 2022 Hoffmann und Campe Verlag, Hamburg
www.hoffmann-und-campe.de
Umschlaggestaltung: Vivian Bencs © Hoffmann und Campe
Umschlagabbildung: © Andreas Hornoff
Satz: Pinkuin Satz und Datentechnik
Gesetzt aus der Chaparral und Helvetica LT
Druck und Bindung: C. H. Beck, Nördlingen
Printed in Germany
ISBN 978-3-455-01416-7

HOFFMANN
UND CAMPE

Ein Unternehmen der
GANSKE VERLAGSGRUPPE

Inhalt

1

Wie alles begann

SOPHIE Ich hatte eine glückliche, unbeschwerte Kindheit. Meine drei Brüder und ich wuchsen auf einem Biobauernhof auf Pellworm auf, einer nordfriesischen Insel im schleswig-holsteinischen Wattenmeer. Gerade einmal sechs Kilometer lang und sieben breit. Unser Leben war so behütet und frei, wie sich das viele Kinder aus Städten vermutlich kaum vorstellen können. Wir waren so gut wie immer draußen. Die ganze Insel war unser Zuhause. Doch allein schon unser Hof bot jede Menge Platz zum Spielen. Biegt man von der Hauptstraße aus in unsere Auffahrt, so liegt auf der rechten Seite, etwas versteckt hinter Eschen, Pappeln und Weiden, ein Obstgarten. Hier steht man am Fuß unserer Warft, also einer der für Pellworm typischen aufgeschütteten, runden Erdhügel, auf denen die alten Höfe stehen. Von dort läuft man über einen kleinen Weg auf ein großes L-förmiges Haupthaus aus rotem Backstein zu. Zwischen dem Obstgarten und den landwirtschaftlichen Gebäuden befindet sich ein winziges Waldstück, das wir »unseren Wald« nennen. Für uns Kinder war das der schönste Ort, um jedes Jahr immer wieder von Neuem unsere eigene kleine Spielewelt zu entdecken. Aus alten Brettern und Planen, Kisten und Kartons, die wir auf dem Hof fanden, bauten wir uns hier alles Mögliche zusammen. Stundenlang konnten wir uns hier beschäftigen – im Sommer zusammen mit den vielen Kindern, die mit ihren Eltern Urlaub in einer unserer Ferienwohnungen machten.

Wer vom Obstgarten aus unseren »Wald« durchquert und über den großen Hofplatz geht, gelangt geradewegs zu den Ställen. Früher hatten wir hier noch Milchvieh. Doch seit 2004 stehen dort rund 200 Mastrinder, etwa 100 Schafe und zwei Pferde. Wir Kinder hatten im Stall unsere eigenen Aufgaben: Tiere füttern, Pferde striegeln und Stroh einstreuen. Aber auch hier fanden wir regelmäßig eine kleine, sichere Ecke zum Spielen. Wenn im Frühjahr die Lämmer geboren wurden, war das jedes Mal ein besonderer Höhepunkt für uns. Immer gab es dann auch welche, die von ihren Müttern nicht genug Milch bekamen und deshalb von uns mit der Flasche zugefüttert werden mussten. Und jedes Jahr war es das Gleiche: Zunächst rissen meine Brüder und ich uns geradezu darum, den süßen, kleinen Lämmern etwa alle vier Stunden ihr Fläschchen mit warmer Milch zu geben. Doch nach einer Weile wurde uns die Aufgabe zunehmend lästig. Zu unserem Glück gab es dann meistens Feriengäste, die begeistert bei der Fütterung der Lämmer halfen. Mit einer Miene, deren Ernsthaftigkeit dieser wichtigen Angelegenheit angemessen war, erklärten wir ihnen, wie sie die Flasche richtig halten mussten, damit das Lamm im Stehen saugen und dabei den Kopf nach oben heben konnte. Das ist für Anfänger*innen nicht so einfach und bedarf einiger Übung und Erfahrung.

Hatten wir selbst mal einen Rat oder Hilfe nötig, so reichte es, ein Stück die Straße runterzugehen. Nicht weit vom Haupthaus entfernt steht das Haus unserer Großeltern. Für uns Kinder war es toll, in einer Großfamilie aufzuwachsen. Denn so war eigentlich immer jemand da, wenn wir etwas brauchten – ob wir uns das Knie aufgeschürft hatten oder ob wir einfach nur etwas erzählen wollten. Die Großeltern haben uns das Plattdeutsche beigebracht, Geschichten von der Insel erzählt und die Familientraditionen weitergegeben. Zum Beispiel das Rezept für unseren Fliederbeersaft. Jedes Jahr halfen wir Kinder unserer Oma dabei, die vollen Dolden überall auf dem Hof einzusammeln. In ihrer Küche pulten wir dann die kleinen dunkelblauen Beeren von den Stängeln, wuschen sie und kochten sie in einem riesigen Topf zu einem kräftig herben Saft ein. Oder die Futtjes – kleine, in Fett gebackene Hefeteigkugeln, die, in Zucker gedippt, direkt aus der Hand gegessen werden und für Pellworm typisch sind. Normalerweise gibt es sie nur zu Weihnachten. Aber unsere Oma machte sie uns immer, wenn wir wollten. Es war schön, dass wir jederzeit bei den beiden zum Kaffeetrinken die Straße hochlaufen konnten. Ich sehe sie noch immer da draußen vor dem Haus auf ihrer Terrasse sitzen.

Um unseren Hof herum liegen Wiesen und Felder, also die für Pellworm typische Kulturlandschaft. Von oben betrachtet sieht die Insel dadurch aus wie ein Teppich aus grünen und braunen Flicken. Hier und dort sind ein paar einzelne Höfe oder andere Gebäude eingesprengselt. Kleinere Baumgruppen oder Tränkekuhlen erzeugen ein weiteres Muster. Ein grüner Deich rahmt sie rundherum ein, in Schuss gehalten von über dreitausend Schafen, die damit im Vergleich zu den gut 1200 Insulaner*innen deutlich in der Überzahl sind. Sobald meine Brüder und ich alt genug waren, mit dem Fahrrad unterwegs zu sein, wurde die ganze Insel zu unserem Reich. Als Kind auf Pellworm aufzuwachsen bedeutet vor allem, frei zu sein – und trotzdem behütet. Wir konnten den ganzen Tag unterwegs sein, ohne dass sich unsere Eltern große Sorgen machen mussten. Niemand kommt schließlich unbemerkt auf die

Insel rauf oder von ihr runter. Und weil man mit dem Fahrrad von einem Ende Pellworms zum anderen nicht mehr als eine Dreiviertelstunde braucht, wussten unsere Eltern immer ungefähr, wo wir waren – und dass uns nichts passieren konnte. Denn selbst wenn wir mit unseren Rädern unterwegs mal einen Platten hatten oder hingefallen waren, war Hilfe nie weit. Und wer uns fand, wusste, wo er anrufen musste (und hatte auch die Telefonnummer). Auf einer Insel wie Pellworm kennt schließlich Jede*r jede*n.

Für die Kinder auf Pellworm endet die Freiheit des Insellebens mit der zehnten Klasse. Danach beginnt eine andere: Mit sechzehn Jahren ziehen die meisten Jugendlichen von Pellworm aufs Festland nach Husum, um dort eine Lehre zu beginnen oder ihr Abitur zu machen. Gemeinsam mit ihren Geschwistern oder Freund*innen wohnen sie von montags bis freitags in einer Wohnung oder in einem Haus und lernen dort, die Verantwortung für ihren Alltag selbst zu übernehmen. Wäsche waschen? Nicht mehr bei Mama! Kochen und die Wohnung in Ordnung halten, Hausaufgaben machen und einkaufen? Dafür ist man nun alleine zuständig. Jeden Freitagnachmittag geht es zwar nach Hause, und wenn man auf der Fähre in bekannte Gesichter blickt, fühlt man sich auch gleich wieder aufgehoben. Doch jeden Sonntagabend heißt es dann: zurück nach Husum. Als die Älteste von uns vier Geschwistern war ich auch die Erste, die auf diese Weise die Geborgenheit unseres Hofes hinter sich lassen musste. Das fiel mir anfangs ziemlich schwer. Doch schon nach wenigen Monaten fangen wir Pellwormer Jugendliche an, diese neue Freiheit zu genießen und zu nutzen. Über den Inselrand hinauszugucken, hat uns Lust auf mehr gemacht. So ist es vielleicht kein Zufall, dass es mich und meine Brüder noch während der Schulzeit weiter in die Welt hinauszog. Ich verbrachte das elfte Schuljahr in Irland und jobbte nach dem Abitur ein Jahr in Neuseeland. Beides interessanterweise wieder Inseln ...

Dennoch fühle ich mich Pellworm zutiefst verbunden. Die Insel ist meine Heimat. Mein Zuhause. Mein Ankerplatz. Auch jetzt, wo ich in Kiel Landwirtschaft studiere, kehre ich fast jedes Wochenende zurück. Schon wenn ich die Fähre betrete, fällt bei mir der Stress ab. Wenn ich dann auf dem Hof helfe oder einen langen Spaziergang mit unserem Hund Mio über den Deich mache, wenn der Himmel grau ist, der Wind weht und ich umgeben von Schafen so richtig abschalten kann, dann weiß ich, dass es für mich nichts Schöneres gibt als ein Leben auf Pellworm.

Und so träume ich davon, nach meinem Studium auf die Insel zurückzukehren. Hier gehören Leben und Arbeiten noch untrennbar zusammen, und das hat für mich einen großen Reiz. Vielleicht kann ich sogar irgendwann den Hof übernehmen, der bereits seit 1703 im Besitz der Familie ist. Ich wäre stolz, wenn ich diese Tradition fortführen könnte. Vielleicht werde ich ja dann wie mein Vater jeden Morgen in die Küche kommen und das Barometer studieren. Vielleicht werde ich wie er jedes Mal über das Wetter schimpfen, das entweder zu kalt oder zu warm, zu nass oder zu trocken ist für das, was ich mir an dem Tag vorgenommen habe. Vielleicht wird mein Vater dann in dem Haus wohnen, in dem bis vor wenigen Jahren noch die Großeltern lebten. Und vielleicht werden es dann irgendwann später meine Kinder sein, die in unserem Wald Bretterburgen bauen, im Frühjahr die Lämmer füttern oder zu Opa rüberlaufen, weil uns Butter fehlt oder Mehl oder Zucker. Vielleicht. Denn die Zukunft unseres Betriebs auf der Insel ist mehr als ungewiss.

2
Die Klimakrise
erreicht Pellworm

SILKE Es war ein wunderschöner Tag Mitte Juni 2018. Monatelang hatte es bei uns auf Pellworm geschüttet wie aus Kübeln. Nun sah es so aus, als ob wir alle endlich ein wenig durchatmen könnten. Langsam, aber sicher trockneten die überschwemmten Wiesen und Felder. Unsere Rinder konnten wieder auf die Weide, die Schafe auf den Deich.

Ich hatte mein Auto am Straßenrand abgestellt. Die Sonne schien, ich saß im Wagen und hielt mit dem Fernglas Ausschau nach Wiesenvögeln. Wie die meisten Bewohner*innen von Pellworm habe auch ich mehrere Berufe. Damals war ich nicht nur Mutter von vier Kindern, kümmerte mich um die Schafe und betreute die fünf Ferienwohnungen auf unserem Biobauernhof auf der Edenswarf im Süden Pellworms. Seit 2012 war ich auch für den Naturschutzbund (NABU) als Biologin im Wiesenvogelschutz unterwegs. Die Inseln Föhr und Pellworm haben hier eine besondere Bedeutung, ja Verantwortung, weil es auf ihnen keine für die Vögel gefährlichen Kleinsäuger wie Füchse oder Hermeline gibt. Und so halte ich im Frühjahr tagelang Ausschau nach Kiebitzen, Uferschnepfen, Austernfischern und anderen geschützten Wiesenvögeln.

Sobald ich irgendwo Brutpaare entdecke, spreche ich mit den Bauern und Bäuerinnen und finde gemeinsam mit ihnen eine Möglichkeit, wie wir die Vögel und ihre Gelege schützen können.

Die Regenmassen der zurückliegenden Monate waren nicht nur ungewöhnlich gewesen, sondern besorgniserregend. Natürlich ist Wetter nicht gleich Klima. Schon immer hat es besonders nasse, verregnete Winter gegeben. Dennoch war mir als Biologin klar, dass derart extreme Wetterereignisse inzwischen immer deutlicher auf einen Zusammenhang mit der Klimakrise hinwiesen: Weil die Erwärmung durch den Klimawandel sich auch besonders stark auf die Arktis auswirkt, wird der Temperaturunterschied zum Äquator kleiner und das vermindert die Stärke der Jetstreams. Das sind starke Windbänder, die in Schlangenlinien rund um die Erde wehen und auf diese Weise Hoch- und Tiefdruckgebiete erzeugen. Lässt ihre Dynamik nach, bleiben zum Beispiel Tiefdruckgebiete wesentlich länger hängen, als wir das bislang gewohnt sind. Bereits in den Jahren zuvor hatte ich beobachtet, dass die Stürme, die uns früher stets im Herbst getroffen hatten, das Meer nun immer öfter schon im späten Frühjahr oder im Frühsommer an die Deiche peitschten. Mit fatalen Folgen für Vögel wie die Austernfischer, die vor den Deichen im Vorland – also zur Meerseite hin – brüten. Ihre Gelege wurden von dem unerwartet hohen Wasserstand dieser Sommerhochwasser einfach fortgespült. Da halfen auch keine Extraschichten und Sondereinsätze, bei denen ich versuchte, die Eier irgendwie abzufangen und zu retten. Doch in diesem Jahr war es noch mal anders. Es war schlimmer. Vom Herbst 2017 bis zum Frühling 2018 regnete es auf der Insel so unvorstellbar heftig und anhaltend, wie wir es alle bisher noch nicht erlebt hatten.

Pellworm hat sich schon immer verändert – manchmal auch radikal. Vor Ende des 11. Jahrhunderts war es beispielsweise noch gar keine Insel, sondern Teil einer großen Ebene. Die nordfriesischen Inseln existierten damals noch nicht. Husum war eine kleine Siedlung im Hinterland. Von Sylt bis zur Höhe der Eidermündung zog sich ein natürlicher Wall aus Sanddünen, die von der letzten Eiszeit angeschwemmt worden waren und das tiefliegende Marschland von der Nordsee abschirmten. Doch sicher war ihr Schutz nicht. Große Sturmfluten rissen immer wieder Teile der Ebene weg. Vor allem die Sturmfluten der Jahre 1362 und 1634, auch bekannt als die »Groten Mandränken« (das große Ertrinken), veränderten die deutsche Nordseeküste von Ostfriesland bis Nordfriesland massiv. Während der ersten Groten Mandränke im Januar 1362 ging die sagenumwobene Siedlung Rungholt zusammen mit sieben anderen Gemeinden in den eiskalten Fluten unter. Noch heute kann man bei einem Spaziergang im Wattenmeer rund um Pellworm alte Scherben, Knochen und andere Überreste dieser früheren Siedlungen finden. Denn auch in der Gegend, in der heute unsere Insel liegt, verloren die Marschbauern und Marschbäuerinnen große Flächen ihres Landes. Deshalb reagierten sie. Zum einen versuchten sie durch bessere Deiche dem Meer das verloren gegangene Land wieder abzuringen. Zum anderen bauten die Menschen ihre Häuser nun auf sogenannten Warften.

Doch auch das konnte sie nicht vor der zweiten Groten Mandränke im Oktober 1634 bewahren. Diese war noch schrecklicher als die erste und verwüstete die Küste bis hinunter zur Elbmündung. Das Wasser soll damals rund vier Meter über dem Tidehochwasser gestanden haben. Das entspricht in etwa dem Stand der Flut von 1976, die als eine der größten Sturmfluten in der Geschichte der deutschen Nordseeküste gilt. Obwohl die Menschen ihre Dämme verbessert hatten, brachen sie an mehreren Hundert Stellen. Nach historischen Belegen ertranken damals rund 8000 Menschen allein in Nordfriesland.

Die ganze Landschaft veränderte sich grundlegend: Husum lag auf einmal nicht mehr im Landesinneren, sondern an der Küste. Die Menschen bauten einen Hafen, und die Siedlung entwickelte sich innerhalb kurzer Zeit zu einer bedeutenden Handelsstadt. Außerdem zerrissen die Wassermassen die Insel Strand in die Halbinsel Nordstrand, die Hallig Nordstrandischmoor und die Insel Pellworm. Dazwischen fließt seitdem der Priel Norderhever, also ein Wattstrom, der sich bis zu 30 Meter tief ins Watt eingegraben hat. Viele verließen damals ihre Heimat. Doch es gab auch welche, die blieben und sich daranmachten, das Stück Land dem Meer auf Dauer abzutrotzen. Drei Jahre später, 1637, hatten sie es mit Hilfe niederländischer Siedler*innen geschafft: Ein knapp 30 Kilometer langer Deich schützt bis heute das trockengelegte Marschland, die sogenannten Köge, vor Überflutungen. Unser Hof steht auf der Edenswarf und liegt im Großen Koog der Insel. Heute ist Pellworm die drittgrößte nordfriesische Insel mitten im Nationalpark Wattenmeer und im Biosphärenreservat Schleswig-Holsteinisches Wattenmeer.

Im Laufe des 20. Jahrhunderts wurde der Deich um Pellworm bereits mehrmals erhöht – auf heute acht bis neun Meter.[1] Durch die Klimakrise dürfte der Meeresspiegel bei uns an der Küste Schleswig-Holsteins nach derzeitigen Schätzungen bis Ende dieses Jahrhunderts um rund 0,75 bis 0,8 Meter steigen, sodass wir die Deiche in Zukunft noch weiter erhöhen müssen. Das alleine ist aber vermutlich nicht die größte Gefahr. Das Problem ist vielmehr, dass durch die Erderwärmung auch die Zahl großer Sturmfluten zunimmt. Der steigende mittlere Meeresspiegel plus weitere große Sturmfluten könnten dafür sorgen, dass extreme Wasserstände künftig deutlich höher liegen als bei den beiden Groten Mandränken und anderen historischen Sturmfluten. Modellberechnungen zeigen, dass wir Menschen an der südlichen Nordsee schon bei einem mittleren Meeresspiegelanstieg von rund einem halben Meter mit zehnmal mehr extremen Wasserständen zu rechnen haben. Den größten Anstieg prognostiziert die Wissenschaft bei uns an der schleswig-holsteinischen Küste.[2] Um sich darauf vorzubereiten, sollen auch auf Pellworm sogenannte Klimadeiche gebaut werden. Sie sind nicht nur höher und stärker als die bisherigen Deiche. Sie sind mit rund 100 Metern im Querschnitt auch wesentlich breiter als früher. Dank ihrer besonders flachen Böschungen sollen sie dafür sorgen, dass die Wellen einer Sturmflut langsam auslaufen können. Sie prallen also nicht mit voller Wucht auf den Deich und höhlen diesen daher nicht aus. Auch die Krone der Klimadeiche ist deutlich breiter. So gibt es eine Baureserve für künftige Aufstockungen. Technisch ist es heutzutage also noch möglich, unsere Deiche an den steigenden Meeresspiegel und die immer stärkeren Sturmfluten anzupassen. Die Frage ist nur, wie lange und wie oft wir das noch tun können.

❋ ❋ ❋

Dass der Meeresspiegel als Folge der Klimakrise steigt, ist ein eingängiges Bild, das sich in Kinofilmen actionreich inszenieren lässt. Man kann sich die Konsequenzen gut ausmalen: Zahlreiche Großstädte weltweit liegen an Küsten und sehen sich von dem steigenden Meeresspiegel bedroht. Viele Menschen sind in Gefahr. Solche Szenarien können einem schon Angst machen.

Zugleich ist der Anstieg des Meeresspiegels ein komplexer Vorgang. Gerade im Wattenmeer wird sich die Veränderung vermutlich über so viele Jahrzehnte erstrecken, dass die Deiche von Pellworm zu meinen Lebzeiten noch standhalten. Aber für meine Kinder sieht die Sache schon anders aus. Sturmfluten haben das Leben der Menschen an der schleswig-holsteinischen Küste zwar schon immer geprägt, und so wird es auch in Zukunft sein. Doch wir Menschen beschleunigen die Erderwärmung momentan in einem enormen Tempo, bei dem niemand die Konsequenzen richtig abschätzen kann. Das ist für uns Pellwormer*innen umso bedrohlicher, als die Gefahr durch den Klimawandel nicht nur vom Meer kommt. Für uns kommt sie auch von oben, in Form von Starkregen.

Was das bedeutet, konnten meine Familie und ich zwischen Herbst 2017 und Frühsommer 2018 gewissermaßen im Zeitraffer beobachten. Dazu mussten wir nur in unserer Küche aus den Fenstern blicken: Seit Wochen regnete es bei uns auf der Insel – und zwar heftig. Nach vorne raus standen die alten Obstbäume komplett unter Wasser. Zur anderen Seite hin sah die Lage auf den Wiesen und Äckern unseres Hofes noch schlechter aus. Dort war nur noch nasser Matsch. Wir konnten förmlich dabei zugucken, wie das Wasser in den Gräben stieg und stieg und stieg. Mein Mann Jörg hatte noch versucht, das Wasser auf den Feldern und Weiden zusätzlich abzugraben, aber vergeblich.

Dazu muss man wissen, dass weite Teile von Pellworm unter dem Meeresspiegel liegen. Der Deich, der die Insel komplett umgibt, schützt uns zwar vor der Überflutung durch das Meer. Er macht Pellworm aber gleichzeitig auch zu einer Art Wanne. Fällt starker Regen, kann das Wasser nicht einfach so ablaufen. Es folgt normalerweise dem Gefälle der Insel über ein Netz aus Gräben und Sielzügen. So gelangt es von den Außenkögen, also den Randzonen der Insel, zur Mitte in den Großen Koog und von dort in eine sogenannte Spülkuhle am Hafen. Hier gibt es ein Sieltor im Seedeich, das sich bei Flut schließt, wenn der Wasserpegel des Meeres über dem der Insel liegt. Erst bei Ebbe öffnet es sich, und nur dann kann überschüssiges Wasser von der Insel ablaufen. Bei so starken und anhaltenden Niederschlägen wie in den Jahren 2017 und 2018 läuft Pellworm voll wie eine Badewanne. Im Süderkoog liegen einige Häuser – anders als unser Hof – sehr tief. Dort wurde es richtig dramatisch. Abwasserrohre liefen über, Toilettenspülungen funktionierten nicht mehr, und Keller wurden überflutet. Das Technische Hilfswerk musste Unmengen von Wasser über die Deiche pumpen. Spätestens als wir das sahen, wurde uns endgültig klar, dass wir es hier mit einer vollkommen neuen Dimension zu tun hatten.

Bei weiter steigenden Durchschnittstemperaturen werden so extreme Niederschläge wie 2017 und Anfang 2018 in Zukunft noch häufiger und noch heftiger auftreten. Ich weiß noch, wie wir damals über den Regen schimpften. Wir machten uns Sorgen um die Staunässe auf den Feldern. Große Sorgen. Denn wenn das Wasser wie 2017 und 2018 auf den Feldern steht, können wir auf der Edenswarf weniger Futter für unsere Tiere anbauen und ernten. Es wird schwierig, solche Extremwetter mit hohen wirtschaftlichen Einbußen über einen längeren Zeitraum auszuhalten. Was wir nicht ahnten, war, dass die folgende Dürre noch viel schlimmer für unser Land und für unsere Tiere sein würde.

3

Ein Anruf verändert alles

SILKE Das Thema Umweltschutz spielte bei uns zu Hause eigentlich immer schon eine Rolle: Es war mein Mann, der den Betrieb auf ökologischen Landbau umstellte. Auf den Dächern unseres Stalls erzeugen wir Sonnenstrom, wir versuchen Plastik zu vermeiden und konsumieren generell wenig. Dennoch gehören wir zu den ganz normalen Bürger*innen dieses Landes. Wir essen Fleisch, haben einen alten Diesel-VW-Bus im Hof stehen und sind auch mal in den Urlaub geflogen.

Wir könnten und müssten eigentlich noch viel mehr tun, überlegte ich, während ich an jenem Tag im Juni 2018 im Auto saß und mit dem Fernglas zwei Austernfischer beobachtete. Aber wie sollte das aussehen? Und was konnte ich alleine schon ausrichten? Ich erinnerte mich an die Vorlesungen des Klimaforschers Mojib Latif, die ich während meines Biologiestudiums in Kiel besucht hatte. Schon damals, vor über dreißig Jahren, war es längst keine neue Erkenntnis mehr, dass wir etwas gegen die Erderwärmung tun müssen. Auch wenn wir die Klimaveränderungen nicht mehr komplett würden verhindern können, so müssten wir doch alles daransetzen, ihre Auswirkungen so weit wie möglich einzudämmen. Geschehen ist seither dennoch viel zu wenig. Mich machte und macht

21

das wütend. Ich saß in meinem Auto, dachte an die Austernfischer und an den Hof, den unsere Kinder gerne übernehmen würden. Unsere Tochter Sophie wollte Landwirtschaft in Kiel studieren und wünschte sich ein Leben auf Pellworm. Aber konnten wir ihr guten Gewissens dazu raten, einen Hof zu führen, dessen Wirtschaftlichkeit durch den Klimawandel auf dem Spiel steht?

Ich zuckte zusammen, als plötzlich das Handy klingelte und mich aus meinen Gedanken riss. »Hallo, hier ist Anike Peters von Greenpeace«, meldete sich eine junge Frauenstimme. Sie sei Campaignerin für Klima und Energie. Mein erster Gedanke war: Bestimmt will sie, dass ich für eine aktuelle Kampagne spende, und eigentlich passt es mir gerade gar nicht. Doch schon nach wenigen Sätzen wurde mir klar, dass das Ziel ihres Anrufs wesentlich aufregender war. »Wir wollten Sie fragen, ob Sie und Ihr Mann die Bundesregierung verklagen wollen, weil sie sich nicht an ihre eigenen Klimaschutzziele hält«, kam sie relativ schnell auf den Punkt. Wir mit unserem Biobauernhof auf einer Insel wie Pellworm hätten möglicherweise gute Aussichten, die Bundesregierung auf diesem Weg zu einem ehrgeizigeren Klimaschutz zu bringen. Heute sagt Anike, dass ich sofort und ohne zu zögern mit »Ja, klar« geantwortet hätte. Doch in meiner Erinnerung ist es so, dass ich zwar mit dem Herzen sofort dabei war. Endlich bot sich mir die Gelegenheit, selbst etwas zu tun. Wirklich etwas zu bewegen. Mein Verstand aber sagte mir, dass ich zunächst mit meinem Mann und unseren Kindern über die Angelegenheit sprechen sollte. So eine gewagte Sache kam für mich nur infrage, wenn wir als ganze Familie dahinterstanden.

Meine Tochter Sophie war damals gerade mal zwanzig Jahre alt. Sie war dabei, ihr Abitur zu machen und wollte im Herbst nach Neuseeland reisen. Ihre Brüder Paul, Hannes und Jakob waren 18, 16 und 14 Jahre alt. Keine kleinen Kinder mehr, die wir hätten beschützen müssen, aber doch alle jeweils in einer Lebensphase, wie sie kaum umwälzender hätte sein können: die Pubertät, der Umzug nach Husum, das Abitur, der Aufbruch in die Welt ... Also vereinbarten Anike und ich ein weiteres Telefonat. Als ich aufgelegt hatte, saß ich noch eine Weile im Auto und ließ den Anruf sacken. Dann startete ich den Motor und fuhr nach Hause zum Hof, um die aufregende Neuigkeit mit meinem Mann zu besprechen.

❋ ❋ ❋

Der große Holztisch in unserer Wohnküche war gedeckt. Getöpferte Teller und Tassen und ein Apfelkuchen standen bereit. Der Kaffee lief gurgelnd durch die Maschine. Draußen wehte eine leichte Brise. Vom wolkenlosen Himmel schien die Sonne, während wir gespannt auf unsere Gäste warteten. Es war Mitte August 2018, und Anike wollte uns zusammen mit der Rechtsanwältin Roda Verheyen und ihrem Kollegen Séverin Pabsch besuchen. Auch Roda Verheyens Tochter Flora würde dabei sein. Als die vier schließlich ankamen, waren wir uns auf Anhieb sympathisch. Flora freundete sich sofort mit unserem Hund Mio an. Anike ist eine junge empathische Frau, die eine große Entschlossenheit ausstrahlt. Bereits seit Jahren setzt sie sich bei Greenpeace mit unterschiedlichsten Kampagnen für den Klimaschutz und die Energiewende ein. Roda Verheyen engagiert sich seit den neunziger Jahren als Klimaschutzaktivistin, unter anderem bei »Friends for the Earth«. Später war sie Mitglied der deutschen Delegation zur Klima-Rahmenkonvention der UN. Heute ist sie Partnerin in der Rechtsanwaltskanzlei Günther in Hamburg. Sie erzählte uns, dass sie 2007 nur wegen der vielen damals geplanten

Kohlekraftwerke Rechtsanwältin geworden sei. Sie spezialisierte sich schnell auf Klimarecht und sorgte immer wieder für aufsehenerregende Gerichtsverfahren. Zum Beispiel mit der Klage des peruanischen Bauern Saúl Luciano Lliuya gegen den Energiekonzern RWE. Saúl und sie wollen beweisen, dass der Konzern mit den Emissionen aus seinen Kohle- und Gaskraftwerken dazu beiträgt, dass das Schmelzen eines Gletschers oberhalb von Saúls Heimatstadt Huaraz zu existenzbedrohenden Flutkatastrophen führt. Rodas Wahlspruch gefällt mir: »Was man nicht versucht, kann man auch nicht gewinnen.«[3]

Wir waren aufgeregt, als wir endlich alle um den Kaffeetisch saßen. Solche ungewöhnlichen Menschen haben wir nicht jeden Tag zu Gast. Und dann auch noch mit der Aussicht auf eine gemeinsame Klage. Noch aber waren nicht alle in der Familie restlos überzeugt. Meine beiden ältesten Kinder und mein Mann waren wie ich sofort Feuer und Flamme gewesen. Doch die beiden jüngsten, Hannes und Jakob, zögerten noch. Kein Wunder, waren sie damals doch erst 14 und 16 Jahre alt. Eine Klage gegen die Bundesregierung war für sie ziemlich abstrakt. Sie konnten sich nicht so recht vorstellen, was das konkret bedeuten würde. Und so blieben Anike, Roda und Séverin nicht lange beim Small Talk, sondern kamen schnell zur Sache.

Sie erklärten uns, dass es ein großes Defizit gebe zwischen dem, was die Wissenschaft an dringendem Handlungsbedarf beim Klimaschutz sehe, und dem, was die Politik im Rahmen ihrer Klimapolitik und Finanzierung durch den Haushalt tatsächlich tue. Bereits 2007 hat sich Deutschland dazu verpflichtet, den CO_2-Ausstoß bis zum Jahr 2020 um 40 Prozent im Vergleich zu dem im Jahr 1990 zu senken. Damit wollte Deutschland die führende Klimaschutznation werden. Weltweit betrachtet wäre das natürlich nicht ausreichend, um die Klimakrise aufzuhalten. Dennoch, so Roda, müsse die Regierung ihr Versprechen einlösen und gleichzeitig klarmachen, dass es ein endliches Treibhausgasbudget gibt, an das sich jeder Staat halten muss. Ebenfalls im Jahr 2018 zeigte der Sonderreport des Weltklimarates, dass die Menschheit insgesamt nur noch 420 Gigatonnen CO_2 emittieren darf, wenn sie das im Pariser Klimaabkommen von 2015 vereinbarte Ziel einhalten will: die globale Erwärmung auf deutlich unter 2 Grad, möglichst aber auf 1,5 Grad (im Vergleich zum vorindustriellen Niveau) zu begrenzen.[4] Zwar wären selbst bei diesem scheinbar geringen durchschnittlichen Temperaturanstieg die Auswirkungen immer noch enorm. Immerhin aber geht die Wissenschaft davon aus, dass wir dann noch in der Lage wären, uns durch massive Anpassungen in unserer Gesellschaft und unserer Infrastruktur darauf vorzubereiten und unseren Lebensstil auf dem heutigen Niveau zu halten. Auch Pellworm wäre bei einem globalen Temperaturanstieg von 1,5 Grad sicher.

Aus dem genannten Gesamtbudget, so Roda Verheyen, lässt sich ein Restbudget ableiten, also eine Menge an CO_2, die Deutschland maximal noch emittieren darf. Und darum würde es in der Klage gehen. Mit dem Pariser Klimaabkommen hat sich die Bundesregierung selbst dazu verpflichtet, genau dieses Budget einzuhalten. Falls wir als eines der reichsten Industrieländer der Welt dabei einen realistischen, also wirklich ambitionierten Plan zur Senkung unseres CO_2-Ausstoßes verfolgten, könnte dies weltweit Länder dazu ermutigen, sich ihrerseits ehrgeizige Klimaziele zu setzen.

Doch je näher das Jahr 2020 rückte, desto seltener schien die Politik dieses Ziel noch zu erwähnen. Der im Juni erschienene Klimaschutzbericht 2018 ging dann davon aus, dass Deutschland sein Ziel verfehlen und wohl doch nur bei einer CO_2-Reduktion von etwa 32 Prozent im Vergleich zu 1990 landen würde. Zu dem Zeitpunkt, als wir mit Anike, Roda und

Séverin bei Kaffee und Kuchen zusammensaßen, hatte die damalige Bundesregierung um Kanzlerin Merkel das Ziel einfach aufgegeben. Und das, obwohl eine Studie des Fraunhofer-Instituts für Energiewirtschaft und Energiesystemtechnik zeigte, dass Deutschland das Klimaziel 2020 durchaus hätte einhalten können.[5] Technisch sei das problemlos erreichbar, meinte Norman Gerhardt, ein Wissenschaftler vom Fraunhofer-Institut, damals. Die Große Koalition aus Union und SPD hätte dafür die ältesten Braunkohleblöcke abschalten, die Braunkohlekraftwerke, die älter als zwanzig Jahre sind, in ihrer Leistung leicht drosseln und die Wind- und Solarkraft, wie im Koalitionsvertrag vereinbart, ausbauen müssen. Doch dazu fehlte allem Anschein nach der politische Wille. Stattdessen wollte sich die Regierung nun einfach an dem Klimaziel für 2030 ausrichten, das eine Minderung der CO_2-Emissionen von 50 Prozent im Vergleich zu 1990 vorsah. Das Jahr 2030 lag ja auch noch so schön weit in der Zukunft …

Wer wie wir direkt von den Folgen der Klimakrise betroffen ist, kann diese Untätigkeit unserer Regierung nicht emotionslos hinnehmen. Als Roda und die anderen uns von der schleppenden Klimapolitik der Regierung berichteten, waren wir schlicht empört! Wie lange sollten wir denn noch abwarten, ob die Bundesregierung ihre Versprechungen einhalten würde? Wir waren uns einig, dass eine Regierung nicht einfach so die selbst gesteckten Klimaziele aufgeben und ihre Verantwortung für den Klimaschutz in eine ungewisse Zukunft verschieben darf. »In der Gewaltenteilung sind dann eben die Gerichte diejenigen, die wir aktivieren müssen, um objektivierend einzuwirken«, erklärte Rodain dem für sie typischen juristischen Jargon[6] . Und wir fanden: Sie hat recht!

✳ ✳ ✳

Nach dem Treffen mit Anike, Roda und Séverin nahmen wir als Familie uns trotzdem noch eine kurze Bedenkzeit. Schließlich hatten wir noch nie gegen irgendjemanden geklagt. Welche Risiken gingen wir damit ein? Mussten wir uns nun juristisch so gut informieren, dass wir die komplexen Hintergründe auch wirklich alle verstanden? Dass so eine Klage ein Mittel für mehr Umweltschutz sein könnte, daran hatten wir ebenfalls noch nie gedacht. Und schließlich: War das denn wirklich erfolgversprechend? Damals gab es zwar schon einige Klagen auf diesem Gebiet, aber nur wenige davon mit durchschlagendem Erfolg. Zum Beispiel hatte in den Niederlanden die Umweltstiftung Urgenda die Regierung erfolgreich verklagt, weil diese sich zu wenig für den Klimaschutz einsetzte. 2018 lief allerdings immer noch die Berufung der Regierung gegen das erstinstanzliche Urteil.

Nicht zuletzt beschäftigte uns die Frage, ob wir den demokratischen Prozess überhaupt in dieser Weise »stören« durften. Immerhin sehen einige Jurist*innen solche Klagen durchaus kritisch. Der Staats- und Umweltrechtler Dietrich Murswiek etwa meint: »Es gibt so viele hochkomplexe Faktoren, die auf das Klima einwirken, dass man die Frage, wie eine optimale Klimapolitik aussehen sollte, nicht durch Gerichte entscheiden lassen kann.« Bürger*innen, die kritisieren, dass eine Bundesregierung das Pariser Klimaabkommen nicht einhält, sollten seiner Ansicht nach – wie in einer Demokratie üblich – auf die Straße gehen. Die Gerichte aber seien nicht die geeigneten Institutionen, um Politikfehler oder Fehler in der Umsetzung eines völkerrechtlichen Vertrages zu beheben.[7]

Auf der anderen Seite hatten wir das starke Gefühl, dass wir es unseren Kindern einfach schuldig sind, so eine Möglichkeit zu nutzen. Selbst wenn wir nicht gewinnen würden, würde alleine schon die Klage dem so wichtigen Thema mediale Aufmerksamkeit verschaffen. Das allein wäre aus unserer Sicht schon eine Bereicherung für die Debatte um mehr Klimaschutz in Deutschland. Wir würden gemeinsam mit Greenpeace und Roda Verheyen eine klare Botschaft senden: Eine Klage würde klarstellen, dass bereits heute Menschen negativ vom Klimawandel betroffen sind und dass das auch etwas mit unseren Rechten zu tun hat. Und darüber entscheiden eben doch Gerichte.

Gleichzeitig fragten wir uns, wie stark der Medienrummel wohl werden würde und was das für uns als Familie, vor allem aber für die Kinder bedeutete. Einerseits hatten wir das Gefühl, dass die Abgeschiedenheit unserer Insel genug Schutz für unsere Privatsphäre bieten würde. Andererseits wussten wir nicht, ob wir dann womöglich täglich Interviews geben müssten. Und ob wir Fachliteratur und wissenschaftliche Abhandlungen über den Klimawandel lesen müssten, um auf all die Fragen gute Antworten geben zu können.

All diese Abwägungen, dieses Für und Wider ging uns in den folgenden Tagen immer wieder durch den Kopf und beherrschte die Gespräche an unserem Küchentisch. Am Ende aber fassten wir gemeinsam den Entschluss, ins kalte Wasser zu springen, und sagten zu. Die Tatsache, dass außer uns noch zwei weitere Familien mit uns klagten, erleichterte uns die Entscheidung in jedem Fall. Wir waren nicht allein, sondern hatten die Familie Blohm aus dem Alten Land und die Familie Lütke Schwienhorst aus Brandenburg an unserer Seite. Beides ebenfalls Bauernfamilien.

4
Vorbereitung mit Hitzerekorden

SILKE Die Bundesregierung verklagen! Was für ein gewagter Schritt das damals für uns war. Wir waren aufgeregt. Ich hätte mich am liebsten mit allen möglichen Leuten dazu besprochen. Doch mit Greenpeace hatten wir ausgemacht, zunächst möglichst wenigen Menschen von unserem Vorhaben zu erzählen. Und so schien unser Leben im Sommer 2018 zunächst ganz normal weiterzugehen. Sophie war mit der Schule fertig und wollte ein Jahr in Neuseeland verbringen. Hannes sollte nach den Sommerferien nach Husum zu seinem Bruder Paul ziehen, um dort das Abitur zu machen. Nur Jakob blieb als Jüngster noch bei uns auf dem Hof. Jörg musste Silo und Heu für die Rinder und Schafe einfahren, ich die Ferienwohnungen in Schuss halten und die Gäste betreuen. Eigentlich war alles wie immer. Das heißt, alles war fast wie immer. Denn Tag für Tag schien die Sonne vom strahlend blauen Himmel. Für unsere Verhältnisse war es extrem trocken und warm, was mehr als 25 Grad bedeutet. Worüber wir uns anfangs noch gefreut hatten, bereitete uns nun zunehmend Sorgen. Und dem Rest von Deutschland, ja von Europa ging es nicht anders: Seit April 2018 herrschte eine ungewöhnliche Dauerwärme und

Trockenheit. Wir lernten Begriffe wie »blockierende Omega-lage«, »Wetteranomalie« oder auch »Heißzeit« kennen. Und wir spürten einmal mehr am eigenen Leib, was Klimawandel konkret bedeutet.

Ich erinnere mich noch, wie wir um den Küchentisch saßen und versuchten, die Auswirkungen dieses Hitzesommers auf uns und unseren Hof einzuschätzen. Irgendwann mussten wir uns eingestehen, dass es die Rinder bei diesen Temperaturen und der anhaltenden Trockenheit nur noch ein oder zwei Wochen auf den Weiden aushalten würden. Danach würden die eigentlich sonst immer feuchten Dauerweiden nicht mehr genug Futter bieten. Ihr Gras würde verdorrt sein, die Tränke-kuhlen wären ausgetrocknet. Was dann? Sollten wir die Tiere in den Stall bringen und ihnen das Futter geben, das eigent-lich für den Winter gedacht war? Nur, was sollten sie dann im Winter fressen? Wie viel Futter würden wir wohl zukaufen müssen – und konnten wir uns das leisten? Wenn nicht, blie-be uns nur übrig, die Rinder zum Schlachter zu bringen. Und das, obwohl sie noch gar nicht schlachtreif und obendrein die Preise gerade im Keller waren. Denn vielen Bauern und Bäue-rinnen erging es natürlich genauso wie uns.

Klar war jedenfalls: Das alles würde uns eine Menge Geld kosten. Aber was blieb uns übrig? Wenig später stellte sich heraus, dass das Korn infolge der Trockenheit zum Teil so klein war, dass es beim Dreschen einfach durch den Mähdre-scher rutschte. Also auch noch Ernteverluste! Nachdem wir monatelang mit viel zu viel Wasser zu kämpfen hatten, wurde nun die Trockenheit zu unserem größten Problem. Vor lauter Sorgen lagen wir manchmal nachts wach. Vor allem, wenn wir daran dachten, dass das alles nur der Anfang war. Wie würden die Folgen des Klimawandels auf Pellworm wohl in fünf, zehn oder zwanzig Jahren aussehen, wenn alles einfach so weiterlief wie bisher? Und wenn es bei uns schon so schlimm war, wie sollte es erst in Brandenburg bei Familie Lütke Schwienhorst oder im Alten Land beim Obstbauern Blohm aussehen? Unsere Klage erschien uns mit jedem Dürretag dringlicher.

Und so beschäftigten wir uns diesen heißen, trockenen Sommer über nicht nur wegen der Klage mit dem Thema »Klimawandel« und seinem wissenschaftlichen Hintergrund. So las ich etwa davon, dass es einen riesigen Unterschied ausmacht, ob wir einen durchschnittlichen Temperaturanstieg von 1,5 oder 2 Grad vor uns haben. Was wie eine minimale Differenz klingt, kann tatsächlich gewaltige Auswirkungen haben. Der Grund dafür sind die sogenannten Kipppunkte, die eine Art negative Kettenreaktionen im globalen Ökosystem auslösen. Sie setzen Veränderungen in Gang, die wir Menschen auch dann nicht mehr aufhalten können, wenn wir von heute auf morgen überhaupt keine Treibhausgase mehr in die Erdatmosphäre pusten würden. Ein Beispiel: Je stärker der westantarktische Eisschild schmilzt, desto weniger helle Eisflächen gibt es, die die Sonnenstrahlen ins Weltall reflektieren. Je dunkler die Erdoberfläche ist, desto mehr Sonnenwärme nimmt unsere Atmosphäre auf. Die Durchschnittstemperatur steigt dadurch weiter, sodass noch mehr Eis schmilzt und noch weniger Sonnenstrahlen reflektiert werden. Ähnlich sieht die Negativspirale beim Auftauen von Permafrostböden aus. Dabei werden nämlich riesige Mengen an Treibhausgasen freigesetzt. Dadurch erhitzt sich die Atmosphäre noch stärker, was wiederum zu einem stärkeren Auftauen und zusätzlichen Treibhausgasmengen führt.

Nun weiß niemand so ganz genau, wann wir diese Kipppunkte erreichen werden. Die Wissenschaft geht davon aus, dass das Risiko, diese unaufhaltsamen Prozesse auszulösen, deutlich steigt, wenn wir die 1,5 Grad Erderhitzung überschreiten. Allerdings mussten wir weder in die Arktis noch an den Äquator schauen, um zu erkennen, dass das stimmt.

Roda Verheyen hatte bereits angefangen, die Klageschrift vorzubereiten. Darin konnten wir nachlesen, dass es auch für uns von großer Bedeutung war, ob wir als Weltgemeinschaft die Erderwärmung auf 1,5 oder 2 Grad beschränken können. Wir erfuhren zum Beispiel, dass die Wissenschaft davon ausgeht, dass der Meeresspiegel bis 2100 um etwa zehn Zentimeter mehr ansteigt, wenn sich die Durchschnittstemperatur um 2 Grad anstatt um 1,5 Grad erhöht.[8] Weltweit hätte das Auswirkungen auf 360 Millionen Menschen, die in den Küstenregionen leben.[9] Für Pellworm könnte das bei einer Sturmflut den Untergang bedeuten. Und deren Wahrscheinlichkeit steigt ebenfalls mit jedem Hundertstel Grad. Ein Hochwasser, wie wir es früher alle zehn Jahre erwarten mussten, würde sich bei einer Erderhitzung um 2 Grad jährlich ereignen. Eine »Jahrhundertflut« würde uns alle sechs Jahre treffen.[10] Darüber hinaus würden uns dann noch sehr viel öfter extreme Hitzesommer mit Trockenheit und Dürre drohen.

»Bei einem Anstieg der globalen Durchschnittstemperatur um 2 Grad werden extrem heiße Tage noch mal um durchschnittlich 4 Grad wärmer«, schrieb Roda Verheyen in der Klageschrift. Uns schauderte es bereits, als wir das lasen. Doch es kam noch dicker. Die Klimaschutzziele, die sich die Bundesregierung bis 2020 und 2030 vorgenommen hatte, würden – gemessen am Treibhausgasbudget des Weltklimarats – keineswegs für eine globale Erwärmung um »nur« 1,5 Grad reichen. Wir würden vielmehr bei einer Erderhitzung von um die 2 Grad landen. Doch selbst dieses Minimalziel wollte die Bundesregierung nun sang- und klanglos fallen lassen. Warum nur?

Als wir uns so ansahen, was die Politik in den letzten Jahrzehnten für den Klimaschutz getan hatte und wie sie auf diese existenzielle Bedrohung reagierte, packte uns wirklich die Wut. Verzweifelt dachte ich daran, dass der 1968 gegründete Club of Rome genau in diesem Jahr sein fünfzigjähriges Bestehen feierte. Fünfzig Jahre! So lange warnen führende Wissenschaftler*innen weltweit also bereits vor dem Kollaps der Erde. Immer und immer und immer wieder forderten sie einen Umbau hin zu einer nachhaltigen Wirtschaft und Gesellschaft. Immer eindringlicher wurden ihre Appelle über die Jahre. Und trotzdem blieb unsere Bundesregierung weit hinter den eigentlich notwendigen Schutzmaßnahmen zurück. Umso mehr richtete sich unsere Hoffnung auf die Klage. Um Entschädigungen ging es uns dabei nie. Wir malten uns vielmehr aus, dass wir die Politik tatsächlich dazu bringen konnten, endlich wirksame Maßnahmen zum Schutz des Klimas zu ergreifen, wenn wir nur gewinnen würden. Vor allem aber ging es uns darum, dass wir als Gesellschaft endlich handelten. Allein durch individuelles Engagement werden wir die Klimakrise nämlich nicht aufhalten.

Während mir all diese Gedanken durch den Kopf gingen, arbeiteten Roda Verheyen und Séverin Pabsch weiterhin fieberhaft an der Klageschrift. Ihr Ziel war es nachzuweisen, dass wir – die Backsens von Pellworm, die Lütke Schwienhorsts aus Brandenburg und die Blohms aus dem Alten Land bei Hamburg – durch die Aufgabe des Klimaschutzziels 2020 in mehreren unserer Grundrechte verletzt würden. Zum einen gingen die beiden davon aus, dass unser Recht auf Eigentum (Grundgesetz, Artikel 14, Absatz 1) schon heute verletzt wird, wenn wir Ernteeinbußen infolge der Klimakrise haben und auch eine Zerstörung des Eigentums droht, wenn all das, was wir besitzen und was uns ausmacht, mit der Insel Pellworm zerstört würde. Zum anderen stand für sie unsere Berufsfreiheit (Berufswahl) auf dem Spiel (Grundgesetz, Artikel 12, Absatz 1). Die Aufgabe der Klimaschutzziele 2020 und die damit verbundenen Folgen hätten ja unmittelbare Auswirkungen, etwa auf den Wunsch, unseren Hof über Generationen weiterzuvererben.

Aber vor allem ging es um den Schutz von Leben und Gesundheit (Grundgesetz, Artikel 2, Absatz 2), und zwar nicht nur von uns Erwachsenen, sondern vor allem natürlich von unseren Kindern. Den Nachweis, dass dieser Schutz nicht ausreichend gewährleistet wird, müssen in Deutschland die Kläger*innen erbringen. Und so tauschten wir uns in diesen Wochen immer wieder mit unserer Anwältin und unserem Anwalt aus, lieferten Fakten und belegten so beispielsweise, dass uns das Jahr 2018 durch die Extremwetterereignisse Ernteeinbußen von etwa 30 Prozent beschert hatte. So etwas konnte unser Biobetrieb mit seinen 180 Hektar vielleicht zwei oder maximal drei Jahre überleben.

✻ ✻ ✻

Im Herbst wurde es dann ernst. Unser Leben begann sich zu verändern. Ende Oktober wollten wir die Klage beim Verwaltungsgericht in Berlin einreichen. Greenpeace wollte das mit intensiver Pressearbeit flankieren. Um beides gut vorzubereiten, trafen wir uns Mitte Oktober für ein paar Tage bei uns auf Pellworm. Unser Hof verwandelte sich in eine politische Aktionszentrale. Die Ferienwohnungen waren nicht mehr mit Urlauber*innen, sondern mit Roda Verheyen, Anike Peters und anderen Mitarbeitenden von Greenpeace belegt. Auch die Familie Blohm aus dem Alten Land war gekommen und hatte jede Menge Äpfel von ihrem Obsthof mitgebracht.

Ich musste daran denken, wie ich als junge Frau davon geträumt hatte, Umweltaktvistin für eine der großen NGOs zu werden. Damals hatte ich Atomkraftwerke blockieren und die nukleare Gefahr verhindern wollen. Seither war in meinem Leben natürlich eine Menge passiert. Ich hatte mich verliebt, war nach Pellworm gezogen und hatte Kinder bekommen. Doch mein Herz hatte all die Jahre weiter für den Umweltschutz geschlagen. Und nun hatte ich auf einmal die Chance, meinen Traum von früher zu verwirklichen und zusammen mit anderen etwas Großes zu bewegen.

Wir verbrachten die Tage im Apfelgarten. Gemeinsam wälzten wir Bücher und Zeitungen, um uns genauer mit der Entwicklung der Klimakrise vertraut zu machen. Anike erzählte uns, wie es überhaupt zu der Idee der Klimaklage gekommen war. Schon seit zwei Jahren verfolgten sie und ihre Kolleg*innen die Möglichkeit, eine solche Klage aussichtsreich anzustrengen. Und schließlich hatten sie nach der passenden Gelegenheit und den richtigen Kläger*innen gesucht. Wir waren überrascht zu hören, dass es gar nicht so leicht gewesen war, jemanden zu finden, der sich bereit erklärte, als Kläger*in aufzutreten. Fast alle, die angefragt wurden, hatten abgelehnt.

Anschließend informierte uns Anike über alle wichtigen Details. Zum Beispiel, wie der Pressetag ablaufen würde, was die nächsten Schritte bis zur Einreichung der Klage sein würden und was uns danach erwartete. Uns rauchten ganz schön die Köpfe. Ein Pressesprecher von Greenpeace briefte uns, wie wir uns gegenüber den Fragen des Journalisten verhalten sollten – und vor allem auch, welche Fragen wir nicht unbedingt beantworten mussten (nämlich alles, was mit den juristischen Aspekten zu tun hatte). Ein Fotograf machte Aufnahmen von uns. Roda Verheyen besetzte kurzerhand mein Büro, um der Klageschrift den letzten Schliff zu geben. In unserem sonst so beschaulichen kleinen Idyll herrschte emsiges Treiben. Langsam, aber sicher stieg unsere Aufregung. Zum Glück waren wir nicht alleine. Wir tauschten uns mit den Blohms aus, teilten unsere Sorgen, Fragen und Bedenken. Wir telefonierten mit der Familie Lütke Schwienhorst in Brandenburg und bestärkten uns gegenseitig: Wir kriegen das hin!

Und dann war es endlich so weit: Am 18. Oktober 2018 fand auf Pellworm der erste Pressetag statt. Direkt bei uns auf dem Hof. Anwesend war allerdings nur ein Redakteur vom *Spiegel*, der exklusiv vorab ein Interview bekommen sollte. Wir sprachen den ganzen Tag mit ihm, was sich irgendwie unwirklich anfühlte – aber auch nicht so schlimm, wie wir tags zuvor noch befürchtet hatten. Und obwohl wir alle furchtbar aufgeregt waren, lief dieser erste Pressetermin so gut, dass abends alle glücklich nach Hause fuhren.

Wenige Tage später, am 25. Oktober 2018, reichte Roda Verheyen für uns die Klage beim Verwaltungsgericht in Berlin ein. Die Medien berichteten darüber, und es war ungewohnt und spannend, über sich in der Zeitung zu lesen oder sich selbst im Radio zu hören. Doch wer nun denkt, unser Leben habe sich danach dramatisch verändert, irrt. In unserem Alltag passierte nämlich rein gar nichts.

✻ ✻ ✻

Auf Pellworm leben ungefähr 1200 Menschen – und die kennen sich angesichts der überschaubaren Größe der Insel wirklich alle. Umso merkwürdiger war es, dass wir auf die Presseberichte über unsere Klage zwar Rückmeldungen und Unterstützung von unserer Familie, von Freund*innen und langjährigen Feriengästen vom Festland erhielten, dass aber von den Pellwormer*innen selbst wenig Reaktion kam. Wirklich kaum einer sprach uns an. Sicher, unsere Kinder waren froh, dass die Klage in den Medien nicht zu sehr hochgekocht wurde. Für sie war es verständlicherweise wichtig, weiterhin ihren gewohnten Schulalltag zu haben. Und auch uns ging es mit der Klage ja nicht darum, im Mittelpunkt zu stehen. Wir wollten vor allem das Thema »Klimawandel« voranbringen. Als aber fast niemand von den anderen Insulaner*innen nachfragte, waren wir dann doch irritiert. Zwar kam es nun vor, dass ich beim Einkaufen im Supermarkt irgendwo meinen Namen in Verbindung mit dem Wort »Klimaklage« hörte. Aber fast niemand kam auf mich zu und redete mit mir darüber. Nach und nach wurde uns klar, dass die Leute sehr wohl über die Klage und uns sprachen – nur eben nicht mit uns.

Die Mehrheitsmeinung auf unserer Insel ist eher konservativ geprägt. Allein aufgrund unseres Biobauernhofs dachten wir als umweltbewusste Familie mit Sicherheit etwas anders als die meisten auf Pellworm. Nun kam auch noch diese Klage dazu, deren Hintergrund nur dann so richtig verständlich wird, wenn man sich ein bisschen mit den Auswirkungen der Klimakrise und – im Kontrast dazu – mit der deutschen Klimapolitik beschäftigt. Mochten wir uns auch den ganzen trockenen und heißen Sommer über in die Hintergründe von Wetterextremen, Klimamodellen und Hochwasserprognosen eingefuchst haben – für die meisten anderen Pellwormer*innen waren diese Themen offenbar weit weniger drängend. Kurzum: Die Menschen konnten mit unserer Klage und unserem Engagement einfach nicht viel anfangen. Und hätte mich jemand ein halbes Jahr zuvor mit so etwas konfrontiert, wäre es mir wohl ähnlich ergangen.

Diese Erkenntnis schmerzte mich umso mehr, als wir mit diesen Menschen doch unsere Liebe zur Insel teilen. Ich wusste, dass sich jede*r Pellwormer*in in besonderer Weise mit der Heimat verbunden fühlt, an ihr hängt und sie erhalten will.

Doch allem Anschein nach war vielen überhaupt nicht bewusst, wie stark die Inseln und Halligen im Wattenmeer von der Klimakrise wirklich bedroht sind. Wie fragil unser weiteres Leben auf ihnen ist. Bei weiter steigendem Meeresspiegel werden wir die Ersten in Deutschland sein, die absaufen.

Nach Anikes Anruf wenige Monate zuvor war diese Erfahrung des Schweigens und Wegschauens um mich herum wie ein zweiter großer Weckruf. Mir wurde dadurch endgültig klar, dass ich nicht einfach so meinen gemütlichen Alltag fortführen konnte. Ich musste aus meiner Komfortzone heraus und mich noch viel entschiedener für den Klimaschutz, für Pellworm, für ein gutes Leben für meine Kinder einsetzen! Ich sprach mit Anike über meinen Wunsch, die Pellwormer*innen mitzunehmen und in unser Abenteuer einzubinden. Sie bestärkte mich darin, selbst aktiv zu werden. Und sie hatte auch genau die richtige Idee für mich.

5

Vom Klagen zum Handeln

SILKE Als wir im Oktober 2018 unsere Klage einreichten, waren wir keineswegs die Ersten und Einzigen, die wegen der Klimakrise vor Gericht zogen. Bereits seit vielen Jahren war die Zahl der Klimaklagen gestiegen. Überall auf der Welt wollten Menschen oder Organisationen auf dem Gerichtsweg ihre Regierungen dazu bringen, unzureichende Gesetze nachzuschärfen, ambitioniertere Klimaschutzmaßnahmen zu ergreifen oder Lücken in der Regulierung und Gesetzgebung zu schließen.

Unsere Anwältin Roda Verheyen ist einer der führenden Köpfe in diesem Bereich. Neben uns vertrat sie damals noch einige andere Kläger*innen in Sachen Klimaschutz. Eine davon war der sogenannte People's Climate Case. Menschen aus ganz Europa, Kenia und von den Fidschi-Inseln hatten sich zusammengetan und im Mai 2018 eine Klage beim Gericht der Europäischen Union (EuG) eingereicht. Sie alle sahen ihre Grundrechte auf Gesundheit und Leben durch den Klimawandel bedroht. Mit Unterstützung von Umweltverbänden wie Germanwatch wollten sie das Europäische Parlament und den Rat der Europäischen Union gerichtlich dazu verpflichten, die Klimaziele der EU für 2030 entsprechend höherzustecken. Das bedeutete konkret: Bislang hatte sich die EU auf eine Reduktion der Treibhausgasemission um 40 Prozent gegenüber dem Stand von 1990 geeinigt. Die Gemeinschaft der Kläger*innen forderte jedoch eine Absenkung um 60 bis 65 Prozent. Dazu gehörten so unterschiedliche Menschen wie ein portugiesischer Bienenzüchter, ein französischer Lavendelbauer und ein rumänischer Viehzüchter. Ebenfalls mit dabei war die Familie Recktenwald, die auf der Nordseeinsel Langeoog ein Biohotel betreibt. Damit ähnelte ihre Situation unserer durchaus. Als Anike mir am Telefon davon erzählte, fragte ich mich, ob es ihnen vielleicht ähnlich wie mir ergangen war: Hatte es auch bei ihnen so wenig Resonanz von den Menschen auf der Insel gegeben? Hatten sie sich auch gewünscht, sie könnten mit ihren Nachbar*innen über das Thema reden?

Der Zufall wollte es, dass die Recktenwalds just Anfang November gemeinsam mit Germanwatch, der Inselgemeinde und dem Tourismus-Service Langeoog zu einem Klimaaktionstag einluden. Über die Kontakte von Germanwatch zu Greenpeace trudelte kurzfristig eine Anfrage bei mir ein, ob ich nicht Lust hätte, dorthin zu kommen. Ich sagte sofort zu. Nun muss man wissen, dass eine Reise von Pellworm nach Langeoog zwar theoretisch nicht besonders weit ist. Reine Luftlinie liegen gerade mal gut 100 Kilometer zwischen den beiden Inseln. Aber letztlich gelangt man nur über Land von der einen Insel zur anderen. Und für diese rund 420 Kilometer lange Strecke braucht man im Winter gut zehn Stunden, weil um diese Jahreszeit die Fähren nur drei- oder viermal am Tag fahren. Für mich hieß das, in aller Frühe raus aus den Federn. Halb verschlafen und im Dunkeln ging es auf den etwa 1,5 Kilometer langen Tiefwasser-Anleger von Pellworm raus, um pünktlich die erste Fähre zu erreichen. Während der vierzigminütigen Überfahrt nach Nordstrand aufs Festland schnell noch ein kleines Nickerchen, bevor mich der Bus zum Bahnhof in Husum brachte. Von dort ging es weiter mit dem Zug nach Hamburg. Den Anschlusszug Richtung Bremen schaffte ich nicht mehr, sodass ich erst einen IC später nach Norden nehmen konnte. Ein Bus brachte mich dann nach Bensersiel, wo ich nachmittags um drei Uhr gerade noch die Fähre nach Langeoog erwischte, um rechtzeitig zur Veranstaltung anzukommen. Es wurde bereits dunkel, als ich am Biohotel der Recktenwalds ankam. Ich war von der langen und zermürbenden Fahrt mit der Deutschen Bahn vollkommen erledigt. Doch kaum hatte ich mich am Empfang angemeldet, wurde ich in einen Speiseraum geführt, in dem bereits fünfzehn bis zwanzig Aktivist*innen beim gemeinsamen Imbiss saßen.

Da waren Mitarbeiter*innen von Germanwatch, von der Nationalparkverwaltung, Klimaexpert*innen, Rechtsanwält*innen sowie Vertreter*innen aus der Regionalpolitik. Sofort empfingen sie mich herzlich mit offenen Armen, obwohl ich niemanden kannte. Ich setzte mich zu den Recktenwalds und den anderen Gästen an den Tisch, aß eine Kleinigkeit und wurde sofort in die Gespräche einbezogen. Mit Maike und Michael Recktenwald war ich gleich auf einer Wellenlänge. Auch die beiden sind Teil einer Inselgemeinschaft, fühlen sich ihrer Insel und ihrem Betrieb zutiefst verbunden. Auch sie entschieden sich, zu klagen, weil sie keine andere Chance sahen, etwas zu bewegen. Auch sie machten sich große Sorgen, ob ihr Sohn eine Zukunft auf ihrer Heimatinsel haben würde.

2017 brachen über Langeoog bereits Anfang September die ersten Herbststürme herein, die normalerweise erst Mitte oder Ende Oktober beginnen. Das wirkte sich nicht nur auf ihre Hotelbuchungen aus. Sie befürchteten seitdem auch, dass bei der nächsten Sturmflut das Salzwasser die Dünenkette durchbrechen und in das Süßwasserreservoir der Insel strömen könnte. Dann hätten die Langeooger*innen von heute auf morgen kein Trinkwasser mehr. Ein Horrorszenario, sicherlich nicht nur für Hotel- und Gastgewerbe. Auch die Recktenwalds waren mit ihrem Biohotel schon immer ein bisschen anders gewesen als viele der meist eher konservativen Einheimischen. Und so waren auch sie mit ihrer Klimaklage auf Unverständnis gestoßen. Wir redeten und redeten. Ich war glücklich und froh. Hier gab es Menschen, die die gleichen Erfahrungen machten wie wir. Die sich mit den gleichen Fragen auseinandersetzten und wie wir nach Antworten suchten.

Etwas später gingen wir dann ins »Haus der Insel«. Ich staunte, als ich sah, was die Recktenwalds und ihre Mitstreiter*innen dort so alles auf die Beine gestellt hatten. Es gab einen großen »Markt der Möglichkeiten«. Ortsgruppen wie die AG Fairtrade-Insel Langeoog, Organisationen wie die EEN – Erneuerbare Energie Nord gUG oder die Nationalparkverwaltung Niedersächsisches Wattenmeer informierten über ihre Aktivitäten. Ich erinnere mich noch, dass mich eine Präsentation besonders beeindruckte. Anhand von zwei Luftballons wurde da gezeigt, welchen Unterschied beim CO_2-Ausstoß eine vegetarische Ernährungsweise im Vergleich zu einer fleischhaltigen ausmacht: Der »vegetarische« Ballon war noch nicht mal ein Viertel so groß wie der »fleischhaltige«. Nachdem ich mich in Ruhe umgesehen und mit vielen Menschen gesprochen hatte, ging es gegen Abend mit einer Podiumsdiskussion weiter. Dort informierten die Recktenwalds zusammen mit Vertreter*innen von Germanwatch und aus der Wissenschaft, warum ihre Klage für Langeoog von Bedeutung war. Als ich mich in dem Raum umsah, war ich enttäuscht. Es waren nicht viele Zuhörer*innen gekommen, und von denen waren die meisten erkennbar Feriengäste. Dennoch hatte der Besuch auf Langeoog für mich eine sehr große Bedeutung.

Ich war schon längst wieder auf dem Heimweg, als mir das so richtig bewusst wurde. Die Fähre nach Pellworm ist normalerweise einer der wichtigsten Treffpunkte für uns Insulaner*innen. Wir nutzen die Überfahrt gerne für einen kleinen Plausch und halten uns so gegenseitig auf dem Laufenden. Doch diesmal hatte ich mich auf dem Mitteldeck in die hintere Ecke verkrümelt. Mein Stammplatz, wenn ich die Fahrt über für mich bleiben möchte. Draußen dämmerte es bereits. Der Regen klatschte ans Fenster. Das Meer war grau. Müde lehnte ich meinen Kopf an die kalte Scheibe und ging in Gedanken noch mal die beiden vergangenen Tage durch. »Die Kraft liegt in der Gemeinschaft«, hatte Maike Recktenwald zu mir gesagt, als wir abends zusammen mit anderen Gästen noch ein Glas Wein trinken gingen. Und ich wusste bereits in dem Augenblick, dass sie recht hatte. Doch erst jetzt, hier, einsam auf der kalten Fähre, wurde mir klar, wie wichtig die Erfahrung von Wärme und Verbundenheit mit Gleichgesinnten für mich gewesen war. Auch wenn wir auf Pellworm vielleicht anders, die »Bios« waren – so gibt es doch überall auf der Welt auch Menschen, die wie wir etwas verändern wollen. Menschen, die es schaffen, neben ihrer Arbeit und ihrem ganz normalen Leben aktiv zu werden. Die sich von ihrem Alltagstrott nicht davon abhalten lassen, für das zu kämpfen, was aus ihrer Sicht richtig und wichtig ist. Die bereit sind, etwas zu riskieren und sich dafür einzusetzen, dass auch unsere Kinder künftig noch in Wohlstand und Sicherheit leben können.

Wenn wir uns zusammentun und gemeinsam für unsere Zukunft eintreten, dann können wir letztlich doch eine ganze Menge bewegen, dachte ich mir. Das hatte ich ganz deutlich gespürt, als ich mich mit diesen mir eigentlich vollkommen fremden Menschen auf Langeoog ausgetauscht hatte. Wir waren uns nämlich trotzdem sofort nahe gewesen, weil wir für dasselbe große Thema brannten. Das hatte mich ermutigt und beflügelt. Aber es machte mich auch nachdenklich: Was, wenn wir zu wenige bleiben? Wenn wir es nicht schaffen, genügend Menschen davon zu überzeugen, ebenfalls aktiv zu werden? Eines war mir jedenfalls klar geworden: Ich wollte mich von diesem Tag an noch stärker mit gleichgesinnten Menschen vernetzen und austauschen – auf der Insel, aber auch auf dem Festland. Ich war entschlossen, noch viel aktiver zu werden. Ich würde mich durch ein Getuschel im Supermarkt nicht davon abhalten lassen. Im Gegenteil. Ich wollte, dass wir Pellwormer*innen endlich miteinander über das so existenzielle Thema »Klimakrise« redeten. Ich war fest entschlossen, auf unserer Insel ebenfalls einen Klimaaktionstag zu organisieren.

❋ ❋ ❋

Ich stand vor 35 000 schreienden und johlenden Menschen auf der Bühne und mir war schlecht vor Aufregung. Wie war ich bloß hierher geraten? Und warum um alles in der Welt tat ich mir das an? Nun, alles hatte damit angefangen, dass ich auf der Rückfahrt von Langeoog nach Pellworm Anfang November 2018 mit Georg Janßen in einem Zug gesessen hatte. Georg war ebenfalls beim Klimaaktionstag gewesen und so waren wir ins Gespräch gekommen. Als Bundesgeschäftsführer der Arbeitsgemeinschaft bäuerliche Landwirtschaft (AbL) kämpft er schon seit vielen Jahren für eine zukunftstaugliche, sprich klima- und umweltfreundliche Landwirtschaftspolitik. So saß er mir also im Zug gegenüber, und wir redeten über die Bedeutung von Klimaklagen im Allgemeinen sowie über die Lage der Bauern und Bäuerinnen auf Pellworm und die Chancen unserer Klage im Besonderen. Da fragte er mich plötzlich: »Willst du nicht zur Demo ›Wir haben es satt!‹ nach Berlin kommen und dort auf der Bühne über eure Klage berichten?« Die AbL gehört zum Trägerkreis dieser Demo. Jedes Jahr findet sie parallel zur weltweit größten Agrarmesse »Grüne Woche« statt. Und so würden sich auch 2019 wieder Zehntausende von Menschen aus der Landwirtschaft, dem Lebensmittelhandwerk, der Entwicklungspolitik sowie dem Klima-, Umwelt-, Tier- und Verbraucherschutz in Berlin einfinden, um friedlich, bunt und lautstark für ihre Ziele zu demonstrieren: Das Sterben der kleinen Höfe stoppen, das Preisdumping bei landwirtschaftlichen Produkten beenden, eine gentechnikfreie Landwirtschaft und Lebensmittelerzeugung sichern und eine Agrarpolitik verfolgen, die Menschen, Tiere, Boden, Klima und Natur in den Mittelpunkt rückt.

Zögern und Zaudern war noch nie mein Ding, und so sagte ich leichtsinnigerweise spontan zu, ohne mir groß Gedanken darüber zu machen, worauf ich mich da einlasse. Die Atmosphäre beim Klimaaktionstag auf Langeoog, das Gefühl, unter Gleichgesinnten zu sein, gemeinsam etwas erreichen zu können und dabei auch noch Spaß und Verbundenheit zu empfinden – all das hatte mich so motiviert und begeistert, dass ich mehr davon wollte. Und eine so große Demo wie »Wir haben es satt« versprach definitiv viel, viel mehr davon.

Zu Hause angekommen, erhielt mein Tatendrang allerdings erst einmal einen leichten Dämpfer, als klar wurde, dass wir als Familie nicht gemeinsam nach Berlin fahren konnten. Mitte Januar war es nicht möglich, unseren Hof und unser Vieh einfach sich selbst zu überlassen. Also entschieden wir, dass nur ich fahren sollte. Mir wurde schon etwas mulmiger zumute. Allein nach Langeoog zu reisen, um dort Eindrücke zu sammeln und mich mit anderen Menschen zu vernetzen, war ja schon aufregend gewesen. In die Hauptstadt zu fahren, um auf einer großen Bühne vor einem riesigen Publikum zu sprechen, war jedoch definitiv noch mal etwas ganz, ganz anderes. Aber ich war bereit, mich dieser Herausforderung zu stellen. Außerdem besprachen Greenpeace und ich später, dass ich nicht alleine auf der Bühne würde stehen müssen: Unsere Anwältin Roda Verheyen und die damalige Geschäftsführerin Sweelin Heuss würden an meiner Seite sein.

Und so packte ich Mitte Januar meine Tasche, bestieg einmal mehr die Fähre, den Bus und den Zug.

In Berlin konnte ich bei einer befreundeten Familie übernachten. Anike Peters von Greenpeace holte mich am nächsten Tag netterweise an der S-Bahn ab. Als wir um 11 Uhr am Brandenburger Tor eintrafen, wo die Demo startete, waren Heiner und Lucas Lütke Schwienhorst bereits vor Ort. Beide sind sehr groß, was bei einer Demo richtig praktisch ist, denn so verliert man sie nicht aus den Augen. Heiner, hagere Statur, schwarze Brille, toller Humor, hatte seine Hände tief in seiner Jacke vergraben und beobachtete die Demonstrierenden. Sein Sohn Lucas, Ende dreißig, ein wahrer Hüne, stand neben ihm. Wie etwa 170 andere Bauern und Bäuerinnen waren unsere beiden Mitkläger mit dem Traktor stundenlang durch die Eiseskälte in die Hauptstadt gezuckelt. Nun wollten sie die Demo mit einem spektakulär langen Treckerkorso anführen. Ein tolles Bild, das zeigte, dass wir Landwirt*innen nicht nur Teil des Problems sind. Wir sind auch Teil der Lösung, wenn die Politik uns anhört.

Dem Korso folgte ein Kochtopf-Konzert von Menschen, die gesundes Essen für alle forderten. »Essen ist politisch« las ich auf einem Schild. Ich war berauscht. Überall schwenkten Menschen bunte Fahnen, Transparente, selbst bemalte Schilder. Manche steckten in fröhlichen Tierkostümen. Es gab Musik, Trommeln, Sprechchöre, Trillerpfeifen. Ja, die Sache war ernst, doch die Stimmung war ausgelassen und heiter. Das machte mir Mut und weckte meinen Optimismus, dass alles doch noch ganz anders werden könnte. Lucas und ich gaben erste kurze Interviews. In mir kribbelte alles. Ich war wie elektrisiert. Es machte mir regelrecht Spaß, über Themen zu reden, die mir wirklich am Herzen lagen, allen voran unsere Klimaklage. Doch gleich darauf ging es auch schon wieder weiter. Unterwegs trafen wir Roda Verheyen mit ihren drei Kindern. Mittlerweile fühlte es sich sehr vertraut an, gemeinsam für unser Projekt zu kämpfen. Eine Weile liefen wir in der bunten, fröhlichen Menge mit. Dann nahmen wir eine Abkürzung, um früher als alle anderen an der großen Rednerbühne, dem Endpunkt der Demo, zu sein.

Und so stand ich schließlich vor der johlenden und klatschenden Menschenmenge auf der Bühne. Ich hatte mich gut auf diese Rede vorbereitet. Immer wieder war ich in den vergangenen Tagen meinen Text durchgegangen. Dennoch schlotterten mir jetzt vor Aufregung die Knie. Die Nervosität, die ich ein halbes Jahr zuvor in unserem Apfelgarten empfunden hatte, als unser erstes Pressegespräch bevorstand, war im Vergleich zu dem hier geradezu lächerlich. Neben mir hatte sich Roda bereits warm geredet. Sie riss die Menge mit. Kein Wunder, denn im Gegensatz zu mir ist sie eine versierte Rednerin. Sie ist es gewohnt vor Kameras, in Gerichtssälen und vor großen Menschenmengen flammende Reden zu halten. Ich hatte das noch nie gemacht und fühlte mich auf einmal klein und unbedeutend. Was hatte ich all den Leuten da unten vor der Bühne denn schon zu erzählen? Schneller, als mir lieb war, hatte Roda ihre Ansprache beendet und schob mich vor das Mikrophon. Applaus brandete zu mir hoch. Ich stand da, der weiße DIN-A4-Zettel in meiner Hand zitterte. Trotz Kälte war mir auf einmal richtig warm. Von da an ging alles furchtbar schnell. Ich weiß noch, dass ich meinen Text flüssig vortrug und dabei immer wieder von Applaus unterbrochen wurde.

Nach mir kam noch Sweelin mit einem Statement an die Reihe, und wenige Minuten später verließen wir drei auch schon wieder die Bühne. Als ich die Menge jubeln und klatschen hörte, spürte ich, wie mein Körper regelrecht von Glückshormonen überflutet wurde. Wir hatten es geschafft. Ich hatte es geschafft! Ich hatte den nächsten Schritt aus meiner Komfortzone herausgewagt und ihn dank der Unterstützung meiner Familie und meines Teams um Roda, Heiner, Lucas und Anike auch gemeistert. Das fühlte sich einfach gut an. Sicher, meine Rede würde die Welt nicht verändern. Unsere Klage vielleicht auch nicht. Aber wie ich da so zwischen Roda, Sweelin und den anderen stand, war ich mir sicher, dass jede kleine Tat zählte. »Wir brauchen nicht wenige Menschen, die alles perfekt machen, sondern ganz viele, die jeweils kleine Schritte tun«, sagt Sophie gerne.

Während ich da so hinter der Bühne stand und vor Erleichterung und Freude hätte tanzen können, da wusste ich genau, was sie meinte. Die vielen Menschen, die aus allen Ecken Deutschlands hierhergekommen waren, um zu zeigen: »Wir haben es satt! Es muss sich etwas ändern«, waren bereit, enorme Anstrengungen und Mühen auf sich zu nehmen. Sie wollten wie ich nicht mehr einfach nur gemütlich an ihrem Küchentisch sitzen, den Feierabend genießen und an die eigene sichere Zukunft denken. Sie wollten, dass die Zukunft unseres Landes – und letztlich des ganzen Planeten – für alle gerecht und gut wird. Die einen kauften deshalb bewusst regionale und ökologische Lebensmittel ein. Die anderen engagierten sich in Umweltschutzorganisationen, gingen zu Demos und unterzeichneten Online-Petitionen. Manche gründeten innovative Unternehmen oder pflegten alte Handwerkstraditionen. Wieder andere kämpften strategisch mit Kampagnen, Protesten und anderen Veranstaltungen für einen politischen Wandel. Alle zusammen waren wir wie ein buntes Mosaik aus den unterschiedlichsten Ideen, Träumen, Hoffnungen, Motiven und Zielen. Doch zusammen ergab sich daraus für mich an diesem Tag ein wunderschönes Bild. Ich fühlte mich gestärkt, denn ich erkannte: Auch wir mit unserer Klimaklage waren ein kleiner Baustein von etwas viel Größerem. Von etwas, das die Welt eines Tages vielleicht doch zum Guten verändern konnte.

Die Rede, die ich an diesem Tag hielt, war nur die erste von vielen weiteren Herausforderungen, die ich im Zuge unserer Klimaklage angenommen habe. Immer wieder habe ich persönliche Grenzen überwunden und viel dabei gelernt. Eine davon war, auch auf größeren offiziellen Veranstaltungen zu Menschen zu sprechen, die beruflich einen ganz anderen Hintergrund haben. Ich denke da zum Beispiel an meinen Vortrag beim Windbranchentag Ende Mai 2019 in Husum.

Das Wetter war schön, und ich war das erste Mal gemeinsam mit Sophie unterwegs, die kurz zuvor aus Neuseeland zurückgekehrt war. Bereits in der Schlange am Eingang stachen wir heraus. Alle liefen in Anzug und Krawatte oder im schicken Kostüm herum. Wir dagegen waren mit unseren Wetterjacken, Jeans und Turnschuhen wesentlich pragmatischer gekleidet. Doch es war zu spät, um umzukehren und uns umzuziehen. Ich würde das Podium mit Leevke Puls von Fridays for Future sowie Anna Leidreiter, der Direktorin Klima und Energie des World Future Council, eben so teilen müssen, wie ich war. Und letztlich war das auch gut so. Denn ich merkte schnell, dass es nicht darauf ankam, irgendeinem Dress-Code zu entsprechen. Es kam darauf an, dass ich authentisch war und dass das, was mir wichtig war, mit den Worten rüberbrachte, die mir aus dem Herzen kamen.

Mir haben all diese Erfahrungen gezeigt, dass ganz normale Menschen, wie meine Familie und unsere Mitkläger*innen, viel zu sagen haben. Selbst wenn wir auf Business-Veranstaltungen wie dem Windbranchentag oder dem Grünstrom-Event auf dem Greentec-Campus in Enge-Sande, über unser Anliegen sprachen, merkte ich, dass unsere Situation auf Pellworm die Menschen bewegte. Sie konnten unsere Sorgen ebenso wie unsere Hoffnungen nachvollziehen. Es ist wichtig, dass sich wirklich alle für mehr Klimaschutz einsetzen – auch Menschen wie wir Backsens, die weiterhin Fleisch essen, Flugreisen machen und Auto fahren. Denn als Individuen stoßen wir ohnehin an Grenzen. Es reicht eben nicht, den Müll zu trennen, Fair-Trade- und Bioprodukte zu kaufen und mit dem Fahrrad zu fahren. Ohne die richtigen politischen Rahmenbedingungen gelingen die eigentlich notwendigen Veränderungen nicht wie zum Beispiel die Energie-, die Verkehrs- oder die Agrarwende. Damit sich hier etwas bewegt, braucht es politischen Druck von uns allen. Und von dort kommt Hoffnung. Immer mehr der »ganz normalen« Leute stehen auf und machen mit.

✻ ✻ ✻

Die positiven Erfahrungen bei der Demo »Wir haben es satt!« in Berlin waren ermutigend, und sie bestärkten mich in meinem Wunsch, endlich auch mit den Pellwormer*innen ins Gespräch über das Thema zu kommen. Ich wollte ihre Meinung hören, ihre Fragen beantworten und sehen, wo wir gemeinsam an einem Strang ziehen könnten. Bereits Anfang November hatte ich auf der Rückfahrt vom Klimaaktionstag auf Langeoog nach Pellworm beschlossen, auch bei uns auf der Insel einen solchen Aktionstag zu organisieren.

Nach der Berlin-Reise, im Februar 2019, fing ich deshalb an, das Ganze vorzubereiten. Natürlich ist das auf Pellworm vergleichsweise einfach. Alle kennen sich hier, und zur Schule hatte ich sowieso gute Kontakte, weil ich jahrelang im Elternbeirat gewesen war. So war es nicht schwer, den Schulleiter und die Lehrer*innen von der Idee zu begeistern. Die Freiwilligen der Schutzstation Wattenmeer (die sogenannten Schutten), die ich von meiner Arbeit im Naturschutz her persönlich kannte, waren ebenfalls sofort mit dabei. Doch ich wollte ja auch die spannenden Referent*innen einladen, die ich auf Langeoog kennengelernt hatte – und da war etwas mehr Vorlaufzeit notwendig.

Anfang April war der Tag gekommen. Anike Peters und Melanie Ruhl von Greenpeace sowie Holger Voigt von der Geoscopia Umweltbildung GbR, einem Umweltbildungsanbieter aus Bochum, hatten bei uns in den Ferienwohnungen übernachtet. Gemeinsam machten wir uns auf den Weg zur Schule, die mitten auf unserer Insel liegt. Rund hundert Kinder und Jugendliche besuchen hier die Klassen eins bis zehn. An diesem Tag gab es jedoch nur jahrgangsübergreifend die schlichte Einteilung in »die Kleinen« und »die Großen«.

Für sie bauten die Lehrkräfte, die Schutten, die Referent*innen und ich überall im Gebäude Stationen auf. Dort konnten die Schüler*innen dann im Lauf des Tages jeweils in kleinen Gruppen unterschiedliche Aktionen und Workshops an verschiedenen Stationen besuchen. Besonders in Erinnerung geblieben ist mir das Angebot des Diplom-Biologen Holger Voigt. Er hatte direkt vor der Schule eine Satellitenschüssel aufgestellt, über die wir Bilder von der Erdoberfläche empfingen. Diese beamte er dann auf eine Leinwand in einem

Klassenzimmer. So erlebten wir live, wie unser Planet vom Weltraum aus heute aussieht. Im Vergleich zu Archivbildern konnten wir nachverfolgen, wie die Erde sich in wenigen Jahrhunderten verändert hatte. Da zeigte sich sehr eindrücklich und geradezu erschreckend, was der Klimawandel beispielsweise für die Wasserversorgung der Menschen bedeutet. Große Seen und wichtige Süßwasserquellen wie etwa der Aralsee in Asien oder der Elephant Butte in New Mexico verschwinden zusehends. So sahen die älteren Schüler*innen sehr anschaulich, wie der Klimawandel bereits weltweit im Gang ist. Sie konnten sich Gedanken darüber machen, was das in der Zukunft wohl für uns bedeuten mochte. »Stellt euch vor, in Bayern würden die Trinkwasservorräte durch den Klimawandel ausgehen – und die Menschen würden hierher zu uns auswandern wollen. Was würden wir dann tun?«, überlegten wir. Die Fridays-for-Future-Bewegung war zwar zu dem Zeitpunkt noch nicht bei uns auf der Insel angekommen, aber die Jugendlichen diskutierten trotzdem schon sehr engagiert. Mir fiel auf, dass sich etliche offenkundig bereits mit dem Thema auseinandergesetzt hatten. Und dass sie sehr viel offener und vorbehaltloser an die Fakten herangingen als die meisten Erwachsenen.

Als wir unsere Klage einreichten, gab es sicherlich noch einige Leute auf der Insel, die den menschgemachten Klimawandel insgesamt infrage stellten. Und auch im Frühjahr 2019 schienen nach wie vor viel zu viele zu glauben, dass alles schon nicht so schlimm werden würde. Die dramatische Tragweite der Klimakatastrophe – auch für unsere Insel – war ihnen immer noch nicht klar. Anders konnte ich mir nicht erklären, dass nicht mehr Menschen für den Klimaschutz aktiv werden wollten.

Nachmittags, nachdem die Aktion an der Schule zu Ende

gegangen war, traf ich letzte Vorbereitungen für die Diskussionsveranstaltung, die am nächsten Tag abends stattfinden sollte. Ich war gespannt, wie die Erwachsenen von Pellworm reagieren würden. Würde sich eine gute Diskussion ergeben, eine, die uns weiterbrachte? Meine Hoffnung war, dass wir einen ebenso breiten Querschnitt durch die Inselbevölkerung würden erreichen können wie tags zuvor in der Schule. Mein Traum war es, mit allen ins Gespräch zu kommen und zu erklären, warum wir Backsens klagten.

Zu diesem Zweck hatte ich das Bürgerhus reserviert. Es liegt unweit unseres Hofes und nahe dem Pellwormer Leuchtturm. Äußerlich eine etwas uncharmante, grün gestrichene Blechhalle, innen von der Art Retro, bei der man nicht weiß, wann genau die Zeit dort stehen geblieben ist. Alle größeren Veranstaltungen auf unserer Insel finden dort statt – von der Schultheateraufführung bis zur Gemeinderatssitzung. Ein Bekannter hatte mir für den Abend eine riesige runde Tischplatte geliehen. Zusammen mit Freunden hatten wir das schwere Ding hierhergewuchtet und direkt vor der Bühne aufgebaut. Oben sollte es zunächst die Vorträge mit Beamer geben. Danach sollte eine Diskussionsrunde folgen, zu der ich bewusst bunt eingeladen hatte: Neben Anike und Séverin Pabsch, unserem Rechtsanwalt, kamen auch Rainer Borcherding von der Schutzstation Wattenmeer, der Klimaforscher Alexander Nauels von Climate Analytics aus Berlin und nicht zuletzt Ernst August Thams als Deichgraf, der Vorsteher des Deich- und Sielverbands von Pellworm. Auch mein Mann und ich nahmen an dem großen, runden Tisch Platz, ließen aber jeden zweiten Stuhl frei. Dort sollten sich Menschen aus dem Publikum hinsetzen, Fragen stellen und ihre Meinung sagen können. Ein guter Freund – Felix Leitermann – würde die Moderation übernehmen.

Als es um acht Uhr losging, war der Saal halb voll. Etwa hundert Menschen waren gekommen. Keine schlechte Resonanz, wie ich fand. Aber doch auch weniger als erhofft. Dazu kam, dass fast nur Zweitwohnungsbesitzende und »Neu-Pellwormer*innen« unserer Einladung gefolgt waren. Zwar hatte ich bereits im Vorfeld befürchtet, dass sich die Alteingesessenen von diesem Thema nicht so richtig würden locken lassen. Trotzdem tat es jetzt noch mal mehr weh, so viele Menschen, die mir am Herzen lagen, an diesem Abend nicht zu sehen. Ich wünschte mir so sehr einen breiten Schulterschluss von uns Pellwormer*innen. Und so standen wir an diesem Abend vor der gleichen Herausforderung, wie viele im Klimaschutz: Auf der einen Seite brauchen wir einen breiten gesellschaftlichen Konsens, um die notwendigen Klimaschutzmaßnahmen und Anpassungen politisch durchzusetzen. Auf der anderen Seite ist es oft so schwer, mit Menschen in einen Dialog zu kommen, die kein Interesse an dem Thema haben oder ihm sogar ablehnend gegenüberstehen. Ich musste unwillkürlich an den intensiven, lebendigen Aktionstag in der Schule denken. »Uns Erwachsenen fehlt schlicht die Offenheit der Kinder und Jugendlichen«, schoss es mir durch den Kopf.

Bei aller Enttäuschung war ich doch froh über alle, die gekommen waren. So konnten wir endlich in größerer Runde über unsere Klimaklage und ihre Hintergründe berichten. Allein das war mir den ganzen Aufwand wert. Vor allem konnten wir zeigen, dass wir Backsens nicht anders sind als alle anderen Pellwormer*innen: Wir sind Menschen mit Hoffnungen, Träumen, aber auch Sorgen und Ängsten. Wir bekamen an diesem Abend viel Zuspruch. Etwa von einem anderen Pellwormer Biobauern, den wir schon ewig kennen und der uns an diesem Abend zum ersten Mal sagte, wie mutig er unseren Schritt fand. Wir hatten an dem Abend aber auch Gelegenheit, uns der Kritik, ja sogar einigen Vorurteilen zu stellen, die in unserer Inselgemeinschaft in Umlauf waren. Zum Beispiel muss man bei so einer Klage immer einen Streitwert festlegen. Manche hatten fälschlicherweise den Eindruck gewonnen, uns ginge es bloß um eine Entschädigung. Doch das war nie der Fall. Andere hielten nicht viel von Greenpeace und dachten, dass wir nur als Marionetten für ihre Kampagne herhalten sollten. Wieder andere dachten, dass es uns persönlich nur um Aufmerksamkeit gehe und wir im medialen Mittelpunkt sein wollten.

Auch wenn es mich Mut kostete, mich allen Fragen zu stellen, so tat es mir doch auch sehr gut, diesen öffentlichen Schritt auf alle Pellwormer*innen zu zu machen. Was die anderen mit unseren Antworten, Ansichten und Informationen anfingen, konnten wir natürlich nicht beeinflussen. Aber ich war überzeugt, dass jeder noch so kleine Schritt wieder etwas in Bewegung setzen würde. Etwas, dessen Auswirkung ich aus meiner kleinen Perspektive gar nicht immer einschätzen konnte. Das Wichtigste, was ich an diesem Tag lernte, war jedoch: Ob die Menschen uns Klimakläger*innen nun mit Zuspruch und Bewunderung begegneten oder ob sie uns mit Argwohn und Kritik gegenüberstanden – ich wollte immer gesprächsbereit bleiben. Ich wollte mir etwas von der Offenheit bewahren, wie ich sie tagsüber bei den Schüler*innen als so wohltuend und konstruktiv erlebt hatte. Mir wurde klar, wie wichtig es ist, sich die Meinung anderer auch dann anzuhören, wenn sie weh tut oder unverständlich ist. Und wann immer möglich, wollte ich auch versuchen, andere in ihrem Andersdenken zu akzeptieren. Ein Vorsatz, der für mich noch zu einer echten Herausforderung werden würde. Denn in den kommenden Monaten sollte der Konflikt um die Frage, wie genau sich die Pellwormer*innen für mehr Klimaschutz stark

machen könnten, in unserer kleinen Gemeinde noch dramatisch eskalieren.

✻ ✻ ✻

Spätestens nach dem Klimaaktionstag auf Pellworm war die
Klimaklage aus meinem ganz normalen Alltag nicht mehr
wegzudenken. Wenn ich in diesen Tagen manchmal an den
vergangenen Sommer zurückdachte, in dem wir in aller Stille,
ja fast schon heimlich unsere Klage vorbereitet hatten, kam
mir das wie eine andere Welt vor. Nun gaben wir Backsens
jede Woche ein anderes Interview. Fernsehteams besuchten
uns auf unserem Hof. Und zusammen mit Sophie besuchte
ich eine Veranstaltung nach der anderen. Darunter war Ende
Mai auch der bereits erwähnte Windbranchentag in Husum.
Dort hatte ich nach meinem Vortrag über unsere Klimaklage einmal mehr gute Gespräche mit Gleichgesinnten gehabt.
Wieder hatte sich das nun schon vertraute gute Gefühl tiefer
Verbundenheit eingestellt, das selbst zwischen sich fremden
Menschen entstehen kann, wenn sie mit so viel Energie und
Mut ein gemeinsames Ziel verfolgen.

Nun war ich wieder zu Hause auf dem Hof. Es war ein ganz
normaler Vormittag. Ich war gerade mit den Ferienwohnungen fertig geworden und saß in meinem kleinen Büro, um
in Ruhe die E-Mails zu beantworten, die sich in den letzten
Tagen angesammelt hatten. Unser Hund Mio lag hinter mir
und schlief. Da blieb mein Blick an einer Betreffzeile hängen:
»Stellungnahme zur Klage Aktenzeichen 10 K 412/18«. Absender war Roda. Mein Herz fing an zu klopfen. Sollte die
Bundesregierung endlich Stellung zu unserer Klimaklage bezogen haben?

Es war inzwischen fast acht Monate her, seit Roda unsere

Klage am 25. Oktober 2018 eingereicht hatte. Kurze Zeit später hatte das Verwaltungsgericht in Berlin die Klage der zehnten Kammer zugewiesen. Das Kanzleramt gab die Sache – zuständigkeitshalber richtig – an das Bundesministerium für Umwelt, Naturschutz und nukleare Sicherheit (kurz BMU) weiter, sodass unsere Klage also in den Händen der Umweltministerin Svenja Schulze landete. Das BMU beauftragte Mitte Dezember 2018 wiederum eine Anwaltskanzlei mit dem Namen Köhler & Klett mit Sitz in Köln. Roda erklärte uns zwar später, dass die Kanzlei sehr namhafte Umwelt- und Verfassungsrechtler*innen beschäftigt, aber trotzdem war das für uns die erste Enttäuschung: So unwichtig war der Bundesregierung die Klärung dieser Angelegenheit, dass sie eine eher unbekannte Kanzlei beauftragte? Wer noch nicht in unserer Lage war, kann sich vermutlich nicht vorstellen, dass ein solch vermeintlich kleines Detail so einen Unterschied ausmachen kann. Doch für uns war die Klage eben von existenzieller Bedeutung. Den ganzen Sommer hatten wir uns die Folgen der Klimakrise vor Augen geführt – für uns und unsere Kinder, aber auch für unser Land, die Menschheit insgesamt. Wir hatten viele Stunden und Tage investiert, um über unsere Klimaklage zu berichten und über die Sorgen, die uns umtrieben. Und jetzt schien das Ganze für die Bundesregierung nur eine Nebensache zu sein? Wie sich zeigen sollte, war das erst der Anfang einer ganzen Reihe von Enttäuschungen und Frustrationen.

Von da an begannen die Mühlen des Verwaltungsprozesses geradezu unerträglich langsam zu mahlen. Das Gericht hatte der Bundesregierung zunächst eine Frist von drei Monaten eingeräumt, um zu unserer Klage Stellung zu nehmen. Eigentlich ein fairer Zeitraum, wie wir fanden. Doch falsch gedacht. Die erste Amtshandlung der Kanzlei Köhler & Klett bestand darin, im Dezember 2018 eine Verschiebung auf Mitte April

2019 zu beantragen, also eine Fristverlängerung auf fast sechs Monate! Das Gericht gab dem Antrag statt. Wir schnappten nach Luft. Auch die Herausgabe aller relevanten Akten, die zeigen sollten, was die verschiedenen Ministerien getan hatten, um das Klimaschutzziel 2020 einzuhalten, konnte Köhler & Klett erfolgreich auf Mitte Februar verzögern. Wir waren fassungslos. Nach einem Jahr des extremen Starkregens und der anhaltenden Trockenheit kam uns diese Verzögerungstaktik wie ein unverantwortliches und unerträgliches Manöver vor. Schließlich ging es uns darum, dass die Bundesregierung ihre Klimaschutzziele bis 2020 einhalten sollte. Und jede Verlängerung der Frist würde dies deutlich erschweren, wenn nicht gar verhindern. Wir äußerten über einen Brief an das Gericht unseren Protest und forderten es auf, stattdessen endlich einen Verhandlungstermin zu nennen. Doch es nutzte nichts. Das Verwaltungsgericht Berlin ging nicht darauf ein. Und so mussten wir uns wohl oder übel in Geduld üben. Wie sehr, das zeigte sich erst im April, als Köhler & Klett keineswegs Stellung zu unserer Klimaklage bezog, sondern um eine nochmalige Verlängerung der Frist bat. Diesmal bis Mitte Juni! Somit war frühestens acht Monate, nachdem wir unsere Klage eingereicht hatten, mit einer ersten Antwort der Bundesregierung zu rechnen. Ich war nun wirklich frustriert und wütend. Immer wieder stand dieser schneckenhaft langsame Verwaltungsprozess im krassen Gegensatz zu meinem Veränderungswillen. Roda erklärte uns zwar, dass das alles gar nicht so ungewöhnlich sei, aber zwischen dem juristischen Alltag und unserem gab es da wohl wirklich einen großen Wahrnehmungsunterschied. Wie sich zeigte, waren wir Klimakläger*innen nicht die Einzigen, deren Geduld zu Ende ging. Immer wieder erlebte ich, wie unglaublich viele Menschen genauso dachten wie wir.

Noch während wir auf Pellworm in unserem Garten gesessen und uns auf unsere Klimaklage vorbereitet hatten, hatte sich 780 Kilometer entfernt eine 15-jährige Schülerin vor das schwedische Reichstagsgebäude in Stockholm gesetzt zusammen mit ihrem mittlerweile legendären Schild »Skolstrejk för klimatet«. Ab dem 20. August 2018 bestreikte Greta Thunberg drei Wochen den Unterricht, um anlässlich der schwedischen Parlamentswahlen am 9. September ein Zeichen für mehr Klimaschutz zu setzen. Danach wollte sie so lange jeden Freitag die Schule bestreiken, bis die Klimapolitik Schwedens endlich den Grundsätzen des Pariser Klimaabkommens entsprach. Die Fridays-for-Future-Bewegung (FFF) war geboren und verbreitete sich innerhalb von wenigen Monaten um die ganze Welt. Der Klimaschutz war damit unabhängig von unserer Klage zu einem Thema geworden, um das die Politik nicht mehr herumkam. Bereits im Februar 2019 gab es in Deutschland über 150 FFF-Ortsgruppen. Anfang März kam Greta nach Hamburg zu einer Demo. Mitte März fand der erste globale Protesttag von FFF statt. Allein in Deutschland gingen an diesem Tag laut Veranstaltern 300 000 junge Menschen auf die Straße!

Und in genau dieser Atmosphäre schien die deutsche Bundesregierung ihre Reaktion auf unsere Klimaklage auf den Sankt-Nimmerleins-Tag verschieben zu wollen? Ich war empört! Jetzt erst recht, dachte ich. Wollte die Bundesregierung mehr Zeit gewinnen, um sich zu überlegen, auf welcher Seite sie stehen wollte? Nun gut, mir würde das den Raum verschaffen, die Klimaklage noch stärker in die öffentliche Debatte zu bringen. Der Zeitgeist war auf unserer Seite: Die Fridays-for-Future-Bewegung hatte nicht nur junge Menschen überall auf der Welt mobilisiert. Sie hatte auch Millionen von Eltern und Großeltern aufgeweckt. Mit jeder Woche stellten sich mehr Menschen zu den Jugendlichen auf die Straße. Täglich gründeten sich neue Unterstützergruppen und nannten sich Scientists, Parents oder Writers for Future. Das gab uns die Kraft, weiterzumachen und an die Klimaklage zu glauben.

In dieser Stimmung saß ich nun also in meinem Büro und war wie elektrisiert, als mir die Betreffzeile von Rodas E-Mail ins Auge sprang. Endlich hatte die Bundesregierung also Stellung bezogen. Nach all den vielen Monaten! Jörg war gerade auf dem Feld. Sollte ich auf ihn warten? Oder auf die Kinder? Am Ende siegte doch die Neugier, und so begann ich, die E-Mail zu lesen. Schon nach wenigen Zeilen war klar: schon wieder eine Schlappe. Die Verteidigungsstrategie der Regierung schien darin zu bestehen, überhaupt nicht auf den Inhalt unserer Klage einzugehen, sondern sie lediglich aus formalen Gründen abweisen zu wollen. Wir Kläger*innen hätten keinen Anspruch auf die Verfolgung einer bestimmten Politik, und einer Bundesregierung dürfe nicht gerichtlich vorgeschrieben werden, welche Politik sie zu verfolgen habe, stand in der Stellungnahme der Bundesregierung zu unserer Klage. Deshalb stellten die Anwälte ganz grundsätzlich infrage, ob unsere Klage mit dem Prinzip der Demokratie und dem Grundsatz der Gewaltenteilung vereinbar sei. Klimaschutz sei »nicht justiziabel«.

Das Argument war mir bereits vertraut. Seit meine Familie und ich uns entschieden hatten, die Klage öffentlichkeitswirksam einzureichen, hatte uns dieser Hinweis begleitet. Und natürlich ist da auf den ersten Blick auch etwas dran: Gerichte sollten einer Regierung nicht vorschreiben können, welche Politik sie konkret verfolgen oder welche Gesetze sie erlassen soll. Andernfalls ließe sich eine einmal gefasste Entscheidung womöglich nie wieder verändern – nicht einmal dann, wenn sich die Mehrheitsverhältnisse im Parlament änderten. Würde ein solcher Präzedenzfall geschaffen, könnte die Politik irgendwann kaum noch frei handeln. Das wäre dann auch das Ende der Gewaltenteilung. Doch dies war bei uns ja gar nicht der Fall.

Uns ging es ja gar nicht darum, der Politik irgendetwas vorzuschreiben. Wir wollten ihr nicht sagen, wie – also mit welchen konkreten Maßnahmen – sie das Klimaschutzziel 2020 erreichen sollte. Selbstverständlich soll und muss der beste Weg zum Ziel stets in einem demokratischen Aushandlungsprozess erstritten und erkämpft werden. Was wir aber per Gericht klären wollten, war die Frage, ob die Regierung sich an ihre eigenen, selbst gesteckten Ziele halten muss. Aus unserer Sicht war das Klimaziel 2020 ein verbindlicher Rechtsakt und damit ein verbindliches Ziel der Bundesregierung. Und weil die Bundesregierung nicht alles unternahm, was notwendig ist, um dieses rechtlich verbindliche Ziel einzuhalten, sahen wir uns in unseren Grundrechten verletzt. Insofern hatten wir auch das Recht, dies gerichtlich prüfen zu lassen. Einen Eingriff in das Demokratieprinzip oder in die Gewaltenteilung konnten wir beim besten Willen nicht erkennen. Und wir waren gespannt, wie das Verwaltungsgericht in Berlin urteilen würde.

Nachdem ich mich durch die 35-seitige Stellungnahme voll mit juristischem Fachvokabular und hölzernem Beamtendeutsch gequält hatte, starrte ich den Bildschirm an. Ich konnte einfach nicht glauben, was ich da eben gelesen hatte. Mit keiner Silbe war die Bundesregierung darauf eingegangen, dass wir Kläger*innen von der Erderhitzung in unseren Grundrechten tatsächlich beeinträchtigt sind.

Ich war vollkommen frustriert. Natürlich mochte es etwas naiv von mir gewesen sein, zu glauben, dass es bei so einer Stellungnahme irgendwie um Mitmenschlichkeit und Empathie gehen könnte. Aber war das die Art und Weise wie die Volksvertreter*innen mit den Bürger*innen umgehen wollten, die in ihrer Not zum Mittel der Klage griffen? Ich musste erst einmal Dampf ablassen und fuhr mit dem Rad und Mio zum Deich. Irgendwie hilft es immer, sich vom Wind durchpusten und beim Blick in die Weite den Gedanken freien Lauf zu lassen.

Es dauerte eine Weile, bis wir als Familie die erste Stellungnahme der Bundesregierung besprochen und abgehakt hatten. Und noch länger, bis ich sie wirklich verdaut hatte. Doch selbstverständlich wollten wir nicht aufgeben, nur weil die Stellungnahme so sachlich und ernüchternd ausgefallen war. Auf keinen Fall! Solche juristischen Vorgänge und Gepflogenheiten, ja der gesamte Verwaltungshintergrund waren meiner Familie und mir einfach vollkommen fremd. Ein Telefonat mit Roda beruhigte mich. »Ganz normal, dass die Bundesregierung sich vor allem auf Formales zurückzieht. Denn dass die Klimaziele gerissen werden, ist ja total klar. Und die Details eurer Betroffenheit – die wollen sie lieber gar nicht thematisieren, damit kommen sie nicht weit«, sagte sie. Ich musste eben lernen, Ruhe zu bewahren, und durfte mich von so etwas nicht demotivieren lassen. Und im Grunde bin ich ein positiv denkender, optimistischer Mensch. Deshalb dauerte es auch nicht lange, bis ich mich aufrappelte und weitermachte.

6

Vom Zirkus
zum Medienzirkus

SILKE Bei uns auf Pellworm gibt es alle paar Jahre einen Zirkus, der für mich eine ganz besondere Bedeutung hat. Er heißt Circus ZappZarap, wurde 2005 als zirkuspädagogischer Projektanbieter gegründet und hat das Motto »Kannst du nicht war gestern«. Dementsprechend machen alle Schülerinnen und Schüler mit. Wieder einmal hatten einige Pellwormer Eltern, darunter auch ich, monatelang dafür gekämpft, dass wir das viele Geld zusammenbekamen, um das große blaurote Zirkuszelt mit den roten Wimpeln zu mieten und zwei Zirkuspädagog*innen für eine Woche zu engagieren. In einem Wochenend-Workshop brachten sie einigen Eltern und Lehrer*innen bei, wie sie die Kinder im Feuerspucken, Seiltanzen, Jonglieren und vielem mehr unterrichten konnten. Anschließend übten Eltern und Lehrer*innen eine Woche lang mit den Kindern in Workshops. Die Schülerinnen und Schüler durften sich für zwei Zirkus-Genres entscheiden. Ein Genre, zum Beispiel »Feuerfackeln«, fand am Vormittag statt und das andere, beispielsweise »Seiltanz«, am Nachmittag. Am Ende der Woche gab es dann zwei Vorstellungen, für alle Beteiligten natürlich ein echter Höhepunkt.

Was die Kinder und wir Erwachsenen in dieser Woche jedes Mal lernten, lässt sich schwer mit Worten beschreiben. Es ist unglaublich berührend zu sehen, wie die Kinder an den Herausforderungen wachsen, mutig werden und sich Neues zutrauen. Wie sie das Programm mit Feuereifer mitgestalten. Wie sie in der Gruppe aufgehen und Verantwortung für sich und andere übernehmen. Und wie stolz sie am Ende sind, wenn die Aufführung geschafft und die Show gut über die Bühne gegangen ist.

Wie schon in den Jahren zuvor war ich Teil des Trainer*innen-Teams der Eltern. Allerdings würde dies die letzte Zirkuswoche sein, an der ich aktiv beteiligt wäre, denn mein jüngster Sohn verbrachte sein vorletztes Schuljahr auf Pellworm. Und umso mehr wollte ich dieses eine Mal noch genießen. Folglich geriet ich ganz schön in die Zwickmühle, als just dann eine Einladung zu der Sendung *maischberger. die woche* kam. Es war klar, dass das eine tolle Chance wäre, auch mal vor einem bundesweiten Publikum über unsere Klage zu sprechen. Bislang waren es überwiegend regionale und lokale Medien gewesen, die Interviews und Beiträge mit uns gemacht hatten. Diese Gelegenheit wollte ich daher auf keinen Fall verpassen, und so sagte ich zu – allerdings unter einer Bedingung: Alles musste so organisiert sein, dass ich innerhalb von 24 Stunden wieder auf Pellworm war, damit ich auch wirklich nur einen Tag der Zirkuswoche verpasste. Anike Peters von Greenpeace und ich klärten die Sache mit dem Sender ab, erstellten einen minutiösen Fahrplan und machten uns schließlich auf den Weg. Mal wieder nahm ich frühmorgens die erste Fähre. Mal wieder musste ich hetzen, um noch die Anschlusszüge zu erwischen. Am Bahnhof in Köln holte uns schließlich ein Fahrdienst ab.

Es war ein unglaublich heißer Tag. Als wir beim Studio des WDR in Köln ankamen, war ich bei gefühlten 40 Grad schweißgebadet. Zum Glück war das WDR-Gebäude klimatisiert. Dort ging es gleich in die Maske. Eine Mitarbeiterin bügelte schnell noch meine Bluse. Danach hektisch umziehen, das Mikrophon befestigen lassen, und ehe ich michs versah, wurde ich auch schon zu meinem Sitz ins Studio geführt, erste Reihe links im Publikum.

Das Format der Sendung war damals relativ neu. Es sollten mehrere relevante Themen der Woche drankommen. Neben dem Austausch mit Journalist*innen sollte es auch Gespräche zu zweit und mit dem Publikum geben. Zu Gast waren Friedrich Merz, der Wettermoderator Karsten Schwanke und ich, die »Bäuerin Silke Backsen«. Eine äußerst bunt gemischte Runde also. Meine Nervosität stieg.

Die Sendung begann zunächst mit den drei Journalist*innen am Tresen. Danach führte Sandra Maischberger das Interview mit Friedrich Merz. Ich versuchte mich trotz meiner Aufregung auf ihr Gespräch zu konzentrieren. Frau Maischberger wollte Herrn Merz unbedingt eine Aussage dazu entlocken, ob er sich vorstellen könne, Kanzlerkandidat der Union zu werden. Er wand sich. Maischberger hakte nach. Aber es half nichts. Er ließ sich einfach nicht festlegen. Währenddessen ging ich in Gedanken noch einmal durch, was ich gleich sagen wollte: Pellworm ist wie eine Badewanne, der Meeresspiegel steigt, letzte Chance, Klimaklage … Plötzlich horchte ich auf. Friedrich Merz sprach von seinen drei Kindern und vier Enkelkindern. Das interessierte mich. »… und stelle mir die Frage, was die eigentlich in zwanzig oder dreißig Jahren machen, wenn sie feststellen, dass wir in dieser Zeit, in der wir heute leben, so viele Fehler gemacht haben? Ich möchte denen dann sagen können, ich hab es wenigstens ernsthaft versucht zu korrigieren«, hörte ich ihn zu meiner Verwunderung sagen. Hatten wir vielleicht doch etwas gemeinsam? Setzte auch er sich für mehr Klimaschutz ein? Aber nein, es ging um aktiengestützte Rentenfonds.

Ich beobachtete ihn. Er saß da mit einer unglaublichen Präsenz und Autorität in seinem Sessel. Mit Sandra Maischberger sprach er beinahe wie mit einem Schulmädchen. Ich ärgerte mich ein bisschen über mich selbst, weil ich merkte, wie ich mich von ihm beeindrucken, ja fast einschüchtern ließ. Er brachte seine Sicht der Dinge mit einer Selbstgewissheit und Unerschütterlichkeit hervor, von der ich mir gerne eine Scheibe abgeschnitten hätte.

Immerhin hatte ich den Umgang mit Medien dank Greenpeace bereits trainiert. Was Interviews anging, waren meine Familie und ich auch schon in Übung. Wir wussten genau, was die Journalist*innen hören wollten, aber auch, was wir beantworten sollten und was nicht. Doch das hier im Fernsehstudio war etwas anderes. Diese Sendung würde nur wenige Stunden nach der Aufzeichnung ausgestrahlt werden und bundesweit in der ARD zu sehen sein. Wer von meiner Familie, meinen Freund*innen und Bekannten würde zugucken? Den Pellwormer*innen, denen ich am Morgen auf der Fähre zum Festland begegnet war, hatte ich erzählt, ich würde meinen Vater besuchen. Ich hoffte inständig, dass sie die Sendung nicht anschauten. Zumindest nicht bevor ich wusste, wie sie ausgegangen war. Denn während der Ausstrahlung würde ich schon wieder im Zug sitzen und keine Gelegenheit haben, mir selbst ein Bild zu machen.

Aber das war jetzt eigentlich egal. Ich hatte hier eine super Chance, das Thema Klimaschutz in die Wohnzimmer vieler Menschen zu bringen. Und zwar nicht nur als ein abstraktes Thema, bei dem es um schwer vorstellbare Tonnen von CO_2 oder weit entfernt vor sich hinschmelzende Eisberge ging. Nein, ich konnte den Menschen konkret schildern, dass die

Folgen der Erderwärmung mittlerweile längst hier bei uns in Deutschland zu spüren sind. Und dass sie für Menschen wie uns Pellwormer*innen eine existenzielle Bedrohung darstellen.

Die Minuten rasten nur so vorbei, und schon setzte sich Frau Maischberger neben mich, um mit mir zu sprechen. Ihre Fragen waren freundlich. Ich hatte sie schon oft gehört und konnte sie aus dem Effeff beantworten: Ja, Pellworm ist wie eine Badewanne, der Meeresspiegel steigt, unsere letzte Chance, die Klimaklage ... Ich konnte gerade mal die grundlegendsten Eckdaten nennen, schon war meine Sendezeit vorbei. Karsten Schwanke erklärte anschließend noch für ein paar Minuten den Unterschied zwischen Klima und Wetter, ehe das Publikum zum Zuge kam. Einzelne Zuschauer*innen konnten in wenigen Sätzen sagen, was ihnen beim Thema »Klimakrise« auf dem Herzen lag: Ein älterer Herr bezweifelte, dass tatsächlich das CO_2 an der Erderwärmung schuld sei. Eine junge Fridays-for-Future-Aktivistin konterte, wissenschaftlich gebe es daran keinen Zweifel, es sei allerhöchste Zeit zu handeln. Eine Unternehmerin forderte mehr Engagement und Einsatz von allen Bürger*innen, nicht nur von der Politik. Und ich saß da und biss mir auf die Lippen. Zu gerne hätte ich mitdiskutiert, Fragen gestellt, einzelne Behauptungen richtiggestellt, meine Sichtweise dargelegt, so wie ich das in den letzten Monaten auf vielen Veranstaltungen getan hatte. Doch im Fernsehen gibt es dafür keine Zeit.

Jede Polit-Talkshow folgt einem streng vorgegebenen Muster: Menschen werden nach ihrer sogenannten »Gesichtsbekanntheit« eingeladen. Entscheidend ist, dass im Vorfeld klar ist, welche Position sie einnehmen werden. Keine Redaktion will hier ein Risiko eingehen. Das Thema der Sendung soll keinesfalls kippen, nichts Unvorhergesehenes soll geschehen.

So kommt es, dass in diesem Format meist eine kleine Gruppe von Menschen über Themen debattiert, die eigentlich uns alle betreffen. Wie eine Analyse der wichtigsten Polit-Talkshows 2017 gezeigt hat, waren gut 40 Prozent der eingeladenen Gäste parteipolitische Vertreter*innen, knapp 23 Prozent sind Journalist*innen – das sind zusammen also zwei Drittel aller politischen Talkshow-Gäste. Die Bereiche Kultur, Zivilgesellschaft und Soziales bekamen dagegen jeweils nur Statistenrollen. Die Talkshows tragen eine große Verantwortung, weil sie Meinungen zeigen, aber auch Meinungen bilden. Und ich denke, sie könnten durchaus mutiger sein und auch mal einen konstruktiven Austausch ermöglichen. Doch leider steht in der Regel nur die gewollte und geplante Konfrontation im Vordergrund. Wie aber wollen und können wir als Gesellschaft wirklich ins Gespräch kommen, tiefer gehen und gemeinsame Lösungen finden? Im Allgemeinen werden in Talkshows kaum Aktivist*innen, lokale Bürgerinitiativen oder Vertreter*innen von Nichtregierungsorganisationen eingeladen. Und gerade mal jeder vierzigste Gast kommt aus der Zivilgesellschaft! Wenn es um die Themen »Klima« und »Umwelt« geht, sitzt immerhin in drei von vier Sendungen jemand mit am Tisch.[11] Auch hier bei Maischberger kommen erfreulich viele »normale Bürger*innen« aus dem Publikum zu Wort. Dennoch: Im Vergleich zu Friedrich Merz und den drei kommentierenden Journalist*innen hatten wir anderen herzlich wenig Zeit, etwas zu sagen. Kaum hatten wir zwei oder drei Sätze formuliert, ging es auch schon wieder weiter. Die Möglichkeit einer Erwiderung gab es für uns selbstverständlich nicht. Zu klein und unbedeutend waren wir hier wohl auf den Hockern im Vergleich zu den großen Entscheidern auf den Stühlen mit Lehne. Unweigerlich fragte ich mich, ob mir Herr Merz auch dann so einen Respekt eingeflößt hätte, wenn ich ihn nicht zuvor schon so oft im Fernsehen gesehen hätte. Mit welcher Autorität hätte er auftreten können, wenn er »nur« einer aus dem Publikum gewesen wäre? Auf einmal wurde mir klarer, wie Meinungsmache funktioniert – in Bezug auf die Klimakrise, aber natürlich auch bei vielen anderen Themen. Doch ist es in Ordnung, dass ein so kleiner Teil der Bevölkerung einen so großen Einfluss auf das hat, was öffentlich diskutiert wird? Gibt das die Meinungsvielfalt in unserer Demokratie ausreichend wieder? Nein. Müssen wir besser darauf achten, dass bei allen wichtigen Zukunftsthemen mehr Menschen aus allen Teilen unserer Gesellschaft mitreden? Ja! Wie würde es zum Beispiel um die Klimaschutzpolitik in unserem Land stehen, wenn bei Wirtschaftsthemen auch mal Aktivist*innen, Künstler*innen oder ganz normale, betroffene Bürger*innen zu Wort kämen?

Immer unruhiger rutschte ich auf meinem Hocker hin und her. Doch noch während ich mir solche Fragen stellte, kam es für mich richtig dicke. In den letzten paar Minuten der Sendung konnte Nikolaus Blome – bis Oktober 2019 stellvertretender Chefredakteur der *Bild* und dort verantwortlich für das Politik- und Wirtschaftsressort – seine bissigen Kommentare ungefragt und unhinterfragt in den Raum stellen. Er hakte noch mal bei unserer Klimalage ein und fand dazu Formulierungen wie »zu alarmistisch« und »zu radikal«. Mit Blick auf mich und unseren Hof empfahl er uns schließlich lapidar: »Wenn der Experte sagt ›Rindfleisch ist das Problem‹, dann könnten wir ja auch die Landwirtin fragen, ob sie bereit ist, die Kühe aufzugeben.« Innerlich schnappte ich nach Luft, äußerlich versuchte ich keine Miene zu verziehen. Hätte ich gekonnt, hätte ich ihm gesagt, dass wir Bauern und Bäuerinnen immer Opfer und Täter*in zugleich sind. Natürlich trägt die Landwirtschaft in Deutschland ganz erheblich zum

Ausstoß klimaschädlicher Gase bei. In dem Jahr, als ich bei Maischberger in der Sendung saß, war die Landwirtschaft in Deutschland für knapp 8 Prozent unserer Treibhausgase verantwortlich. Das war fast so viel, wie die Industrie erzeugte. Mit am klimaschädlichsten war und ist dabei das Treibhausgas Methan. Es ist etwa 25-mal klimaschädlicher als CO_2 und entsteht fast ausschließlich bei der Tierhaltung. Das waren die Daten, die das Bundesumweltamt veröffentlicht hatte. Daran ließ sich nichts deuten, und darüber müssten wir öffentlich mehr reden. Dringend. Doch für diese Art des genauen Hinsehens und für eine entsprechend differenzierte Diskussion gibt es in einem Format wie der TV-Talkshow einfach keinen Platz.

Hätte ich etwas dazu sagen können, hätte ich auch erklärt, dass das plakative Urteil von Herrn Blome vielleicht gut gemeint, aber leider viel zu kurz gedacht ist. Wir Bauern und Bäuerinnen sind nicht nur die Bösewichte und Klimasünder*innen. Wir sind eben oft auch die Ersten, die mit den Auswirkungen des Klimawandels zu kämpfen haben. Und wir stecken selbst in einem System aus politischen und wirtschaftlichen Rahmenbedingungen fest, die uns in manchen Bereichen nur sehr wenig Spielraum für echten Umwelt- und Klimaschutz lassen. Ich hätte außerdem gesagt, dass auch bei den Verbraucher*innen ein Teil der Verantwortung liegt. Zum einen betrifft das die Mengen an tierischen Produkten, die wir Deutschen pro Kopf und Jahr verzehren. Das muss sich deutlich verringern, nicht nur der Umwelt, sondern auch unserer Gesundheit zuliebe. Zum anderen geht es auch darum, was für Fleisch die Menschen kaufen. Noch immer ist ein argentinisches Hüftsteak im Supermarkt leider oft billiger als das regionale Steak vom Schlachter um die Ecke (den es sowieso kaum mehr gibt). Die Produktion von Soja in Südamerika als Kraftfutter für die Tiere befeuert einen gnadenlosen Raubbau am Regenwald, der im gesunden Zustand riesige Mengen an CO_2 speichern kann. Und die vielen Rinder rülpsen und pupsen Methan in rauen Mengen in die Atmosphäre. Beides zusammen ein Riesenproblem.

So ist es meiner Meinung nach durchaus berechtigt, ja sogar notwendig, die hiesige Landwirtschaft in ihrer bisherigen Form infrage zu stellen. Allerdings sollten wir dann doch bitte schön genauer hinschauen und dort ansetzen, wo das eigentliche Problem liegt: bei den großen Massentierhaltungen und den importierten Futtermitteln. Unser Klimaproblem lässt sich jedenfalls nicht damit lösen, dass alle kleinen Biobauern und -bäuerinnen in Deutschland auf einmal ihre Rinder abschaffen.

All das hätte ich Herrn Blome nur zu gerne gesagt. Getan habe ich es allerdings nicht. Denn kaum waren die Kameras aus und die Studioscheinwerfer auf ein normales Maß gedimmt, gab mir Anike auch schon das Zeichen zum Aufbruch. Wir müssten schnell zum Bahnhof, den Zug erwischen. Ich wollte doch am nächsten Morgen wieder pünktlich bei meinem Zirkus sein! Mit einigen Hindernissen erreichte ich nach einer Nacht fast ohne Schlaf am nächsten Morgen die erste Fähre nach Pellworm. Vollkommen übermüdet und dennoch ganz schön aufgedreht überlegte ich mir, ob es sich überhaupt gelohnt hatte, für so wenige Sendeminuten den weiten Weg nach Köln zu fahren. Und das, obwohl die eigentlich interessante Diskussion aus meiner Sicht gar nicht stattgefunden hatte. Auf der Fähre sprachen mich die ersten Pellwormer*innen an. Natürlich hatten sie mich im Fernsehen gesehen. Sie gratulierten mir. Wir gingen gemeinsam die Meinungen der Gäste durch. Und natürlich erzählte ich, wie es mir ergangen war. Still für mich kam ich zu dem Schluss: Ja, es hatte sich gelohnt. Auch wenn es eine echte Ochsentour war, so bedeutete es für mich doch auch einen weiteren wichtigen Schritt, vor einem so großen Publikum aufzutreten und auf die Klimaklage aufmerksam zu machen. Es war gut, dass ich darauf hinweisen konnte, dass wir der Bundesregierung nicht vorschreiben wollten, wie sie das Klima konkret zu schützen habe. Wir Klägerfamilien maßten uns nicht an, zu wissen, wo und wie genau das Kohlendioxid einzusparen sei – beim Fliegen, beim Autofahren, bei der Tierhaltung oder in anderen Bereichen. Dafür hat die Bundesregierung ja schließlich ihre Berater*innen. Diese Wissenschaftler*innen und Expert*innen kennen sich in diesen Fragen definitiv viel besser aus als wir. Worum es uns jedoch ging, war, dass sich die Politik an ihre selbst auferlegten Klimaziele hält.

Auch wenn es mir selbst so vorkam, als würde ich immer und immer wieder die gleichen Sätze von mir geben, so lernte ich doch in den aufregenden Wochen, die der Sendung bei Maischberger folgten, dass die Diskussion um die Bedeutung von Klimaschutz in unserer Gesellschaft noch lange nicht beendet ist. Im Gegenteil. Und was auf unserer kleinen Insel im Sommer 2019 geschah, war exemplarisch für die Auseinandersetzung in unserem ganzen Land.

7

Weil es uns was angeht

SILKE Alles fing damit an, dass Anfang Mai 2019 die Protestbewegung »Fridays for Future« auch bei uns auf Pellworm angekommen war. Eine 11-jährige Schülerin setzte sich ganz alleine für anderthalb Stunden mit einem Transparent vor das Amtsgebäude auf Pellworm. Wie ihr Vorbild Greta hatte sie all ihren Mut zusammengenommen und öffentlich Stellung bezogen. Meine Familie und ich waren von ihrer Courage beeindruckt. Nur eine Woche später saß schon eine weitere Schülerin dort. In den folgenden Wochen und Monaten wuchs die Gruppe zusehends. Monatelang zogen jeden Freitag zwanzig bis dreißig Leute – Kinder, Jugendliche und Erwachsene – mit ihren Bannern und Protestschildern durch das »Zentrum« von Pellworm: vom Amtsgebäude zum Hafen und zurück. Natürlich war das kein Vergleich zu den Menschenmassen bei den großen Klimastreiks in Berlin, Köln oder Hamburg. Aber für unsere kleine Insel war es auf jeden Fall etwas äußerst Ungewöhnliches und sorgte für entsprechende Aufmerksamkeit.

Wenn es zeitlich irgend ging, nahm ich an ihrem Protest teil. Ich weiß noch, wie ich mir dazu eigens ein kleines Demoschild bastelte, das mir im Nachhinein wie ein Wink des Schicksals erscheint. Unter allen möglichen Slogans und Sprüchen wählte ich mir ausgerechnet den Artikel 20a des Grundgesetzes aus. »Der Staat schützt auch in Verantwortung für die künftigen Generationen die natürlichen Lebensgrundlagen ...« klebte ich in schwarzen Lettern auf die Pappe. Just diese Staatsziel-bestimmung sollte später als Grundlage für die Verfassungs-beschwerde meiner Kinder dienen.

Welche Bedeutung der Artikel in unserem Leben noch haben würde, konnte ich in diesem Sommer noch nicht ahnen. Damals fesselte eine ganz andere Geschichte unsere Aufmerk-samkeit. Und die begann mit einer eigentlich sehr ermuti-genden Kampagne unserer Pellwormer FFF-Kids. Eine kleine Gruppe engagierter Klimakämpfer*innen startete Ende Mai nämlich eine Unterschriftenliste und eine Online-Petition un-ter dem Titel »Weil es uns was angeht«. Ihr Ziel: Die Gemeinde Pellworm sollte unsere Klimaklage unterstützen, indem sie einen Antrag auf eine sogenannte Beiladung stellte. Beila-dung bedeutet, dass Dritte – also Personen, Organisationen oder Gebietskörperschaften, die weder Kläger*innen noch Be-klagte sind – in einem Gerichtsverfahren mit ihrer Sichtweise beteiligt werden.

Auf diese Idee kamen sie, weil Greenpeace bereits zeitgleich zum Einreichen unserer Klage eine große Mitmachaktion mit dem Titel »Beiladung zur Klimaklage« gestartet hatte. Sie richtete sich an Menschen, die der Meinung waren, dass das, was da vor Gericht verhandelt werden sollte, auch sie betraf. Sie sollten sich bei Greenpeace melden und beschreiben, in welcher Weise sie ihre Rechte ebenfalls von den Auswirkun-gen der Klimakrise bedroht sahen. Greenpeace wollte ihre Be-richte dann juristisch prüfen und beim Verwaltungsgericht in Berlin eine Beiladung beantragen. Nach etwa fünf Monaten hatten sich sage und schreibe 4500 Menschen bei Greenpeace gemeldet.

Für uns war das ein tolles Gefühl: So viele Menschen standen nicht nur hinter unserer Klage, sondern machten sich auch noch die Mühe, sich intensiv mit dem Thema auseinanderzusetzen und dem Gericht ausführlich darzulegen, warum und wie der Klimawandel sie persönlich betraf. Darunter waren so bekannte Leute wie der Förster und Bestsellerautor Peter Wohlleben. »Die Klimakrise ist längst in meinem Alltag angekommen«, schrieb er.[12] 2018 habe die Dürre seine komplette Maisernte vernichtet. Dass die Bundesregierung seit einem Jahrzehnt nichts tue, um die Bürger*innen zu schützen, sei ein Skandal. Dass die Politik den Umgang mit der Klimakrise auf die nächste Generation schiebe, halte er für unverantwortlich. Er sprach uns aus der Seele. Es waren aber auch uns unbekannte Menschen mit dabei. Zum Beispiel der Hamburger Blogger und Komponist Marc Pendzich, der einen 23-seitigen Antrag verfasste.[13] Oder der Landschaftsgärtner Jürgen Faust aus Hirzenhain in Hessen, der sich ebenfalls in seiner beruflichen Existenz durch den Klimawandel bedroht sieht.

Ende März 2019 ging die Aktion »Beiladung zur Klimaklage« zu Ende. Alle vollständig vorliegenden und fundierten Anträge auf Beiladung wurden nun juristisch geprüft. Von den 4500 Einreichungen wählte Greenpeace zusammen mit Roda und Séverin Pabsch schließlich 221 Privatpersonen aus. Anfang Mai 2019 stellte Roda den Sammelantrag auf Beiladung dem Verwaltungsgericht in Berlin zu. Wir waren gespannt: Würden am Ende womöglich nicht nur wir drei Familien vor Gericht ziehen – sondern mit uns auch noch Hunderte weitere Menschen? Uns bestärkte diese Aktion, denn es zeigte uns, dass all diese potenziell Beigeladenen eigentlich auch ihrerseits klagen könnten. Wir drei Klägerfamilien standen mit unserem Anliegen also definitiv nicht allein da. Wir waren keine abgedrehten Sonderlinge. All diese Menschen fanden es ebenso fahrlässig wie wir, dass die Bundesregierung so lange so wenig für den Klimaschutz getan hatte. Jetzt war das Gericht an der Reihe. Es musste entscheiden, ob es die Beiladungen zuließ. Und das war mehr als ungewiss.

Doch nicht nur Privatpersonen konnten eine Beiladung beantragen. Auch juristischen Personen, wie einer Organisation oder einer Gemeinde, war das grundsätzlich möglich. Deshalb wollten nun also die Jugendlichen von Fridays for Future Unterschriften sammeln, um die Gemeinde Pellworm dazu aufzurufen, bei ihrer nächsten Gemeinderatssitzung am 12. Juni 2019 den »Beschluss über die Beantragung der Beiladung zur Klimaklage gegen die Bundesregierung« anzunehmen. Damit würde die Gemeinde zwar nicht selbst zur Klägerin. Doch sie würde ein wichtiges Zeichen setzen. Vier Wochen lang tauchten die Jugendlichen an vielen Stellen auf unserer Insel mit ihren Listen auf. Unermüdlich versuchten sie die Menschen mit Argumenten zu überzeugen, erklärten die Bedeutung unserer Klimaklage und die kritische Situation, in die unsere Insel durch die Klimakrise geriet. Sie standen vor dem Supermarkt, auf Parkplätzen, am Hafen. Ich fand es ganz wunderbar, dass von den jungen Menschen so viel Initiative ausging. Es war schön zu sehen, dass wir nach und nach nicht mehr die Einzigen auf Pellworm waren, die öffentlich mehr Klimaschutz forderten. Was mich aber noch mehr freute, war die Tatsache, dass ihr Engagement belohnt wurde: Insgesamt konnten die jungen Klimaschützer*innen in diesem Monat 460 Unterschriften einsammeln.

In der Versammlung der Gemeindevertreter*innen am 12. Juni 2019 konnten sie diese nicht nur feierlich übergeben. Die Jugendlichen waren vom Bürgermeister auch persönlich eingeladen worden, ihr Anliegen vorzutragen und damit den politisch Verantwortlichen auf kommunaler Ebene deutlich zu machen, wie wichtig das Thema Klimaschutz für uns alle und besonders für uns auf Pellworm ist. Fraktionsübergreifend entschied sich die Versammlung dann auch einstimmig dafür, den Antrag auf Beiladung zur Klimaklage ebenfalls einzureichen. Es war ein tolles Gefühl zu sehen, dass die Gemeindevertretung in dieser wichtigen Sache Stellung bezog.

Dann kam der 11. Juli 2019. Das Verwaltungsgericht in Berlin wies den Antrag aller Beiladungen zur Klimaklage zurück. Die ausführliche Schilderung der drei klagenden Familien und die Erkenntnisse der Klimaforschung seien ausreichend, lautete die Begründung. Weitere Beiladungen würden nicht zusätzlich zur Klärung des Sachverhalts beitragen, meinte das Gericht.

Wir waren enttäuscht. Jetzt hatten sich so viele Menschen an unsere Seite gestellt, und das Gericht fegte all diese Bemühungen einfach so vom Tisch. Immerhin wollte es die individuellen Beeinträchtigungen der 221 Privatpersonen durch die Folgen der Klimakrise bei seiner Entscheidung berücksichtigen. In dem Beschluss des Gerichts fanden die Rechtsanwält*innen noch ein Detail, das große Auswirkungen auf die Gemeinschaft von Pellworm haben sollte: Verwaltungsrechtlich war noch nie geprüft worden, ob Gemeinden ein eigenes Klagerecht haben oder ob die Selbstverwaltung einer Kommune durch die Verletzung der Klimaziele betroffen sein könnte. Um das herauszufinden, könnte die Gemeinde Pellworm ja ebenfalls eine Klimaklage anstrengen. Das war ein Paukenschlag.

* * *

Es war ein schöner Sommerabend Ende Juli. Ich radelte die Straße entlang am Junkersmitteldeich runter in Richtung Südwesten zum Kaydeich. Der Fahrtwind blies mir die Haare aus dem Gesicht. Mein Blick schweifte über die Felder und blieb am Pellwormer Leuchtturm hängen, der sich in der Ferne rot-weiß gestreift in den Himmel streckte. Ich war auf dem Weg zur Sitzung der Gemeindevertretung im Bürgerhus und gespannt, was der Abend bringen würde. Etwas knapp in der Zeit, wie immer, stieg ich in die Pedale.

Im Jahr 2018 hatte die SPD erstmals die politische Mehrheit auf unserer Insel erreicht und einen ehemaligen Landtagsabgeordneten der SPD aus Mecklenburg-Vorpommern als Bürgermeister durchgesetzt. Und der wollte sich unserer Klimaklage tatsächlich anschließen. Mit Roda Verheyen war er nach dem Urteil des Verwaltungsgerichts Berlin bereits frühzeitig in Kontakt gewesen, und so war die Idee einer Klage der Gemeinde Pellworm auf den Weg gebracht worden. Aus diesem Grund standen an diesem Abend zwei äußerst spannende Punkte auf der Tagesordnung: Zum einen als Punkt fünf die »Beratung und Beschlussfassung zur Klageeinreichung beim Verwaltungsgericht Berlin gegen die Bundesrepublik Deutschland zur Einhaltung des Klimaziels 2020«. Zum anderen war die Pellwormer CDU nicht untätig geblieben und hatte den Vorstoß der SPD mit einer eigenen Resolution gekontert, die statt der Klage eingereicht werden sollte. So kam als neuer Punkt sechs die »Beratung und Beschlussfassung über eine Klimaschutzresolution an die Bundesregierung« dazu.

Als ich mein Fahrrad abgestellt hatte und den Saal im Bürgerhus betrat, stellte ich erfreut fest, dass bereits viele Anwohner*innen anwesend waren. Der Saal war voll. Das ist eher ungewöhnlich für die doch oft langweiligen Gemeindevertretersitzungen. Auch die Stimmung war anders als sonst.

Gleich nachdem die Sitzung eröffnet und die Beschlussfähigkeit festgestellt worden war, zeigte sich, dass es extrem unterschiedliche Meinungen gab. Die SPD samt Bürgermeister wollte unbedingt vor Gericht klären lassen, ob und unter welchen Voraussetzungen eine Kommune gegenüber der Bundesregierung wirksame Maßnahmen zum Klimaschuz einfordern kann. Die CDU war strikt dagegen. Unruhe machte sich unter den Zuschauer*innen breit. Ein Bürger fragte, ob sich die Gemeindevertretung im Klaren sei, was für eine Außenwirkung es hätte, wenn sie in dieser Sache zu keiner einstimmigen Beschlussfassung kämen – und ob es nicht sinnvoll wäre, wenn die Bürger*innen an dieser Stelle mitdiskutieren könnten. Nun kann eine Gemeindevertretersitzung mal langweilig, mal amüsant und auch mal spannend sein wie diese hier. Aber wie auch immer sie verläuft, an die Verwaltungsvorschriften müssen sich alle halten. Deshalb stellte Bürgermeister Nieszery fest: Zu einzelnen Punkten auf der aktuellen Tagesordnung darf es keine Anfragen aus der Öffentlichkeit geben. Kaum gesagt, regte sich auch schon Widerstand im Publikum. So leicht wollten sich die Pellwormer*innen nicht abspeisen lassen. Nach kurzem Hin und Her beschloss die Gemeindevertretung schließlich einstimmig, die Sitzung zu unterbrechen und als Bürgerfragestunde fortzuführen.

Ab da ging es hoch her. Die einen verwiesen auf den Artikel 28 des Grundgesetzes. Hier heißt es in Absatz 2: »Den Gemeinden muss das Recht gewährleistet sein, alle Angelegenheiten der örtlichen Gemeinschaft im Rahmen der Gesetze in eigener Verantwortung zu regeln ...« Pellworm würde sich mit der Klage stellvertretend für alle anderen deutschen Kommunen auf den Erhalt ihrer kommunalen Selbstverwaltung berufen. Denn genau diese sei durch die Untätigkeit der Bundesregierung bedroht, was nun das Verwaltungsgericht in Berlin prüfen sollte. Andere stimmten zwar darin überein, dass Pellworm mehr Klimaschutz brauche. Sie waren allerdings der Meinung, dass eine Bedarfsgemeinde wie Pellworm nicht »gegen die eigene Regierung« klagen solle, die unser Inselleben immerhin zu einem nicht unerheblichen Teil mitfinanziere. Ebendieses Inselleben sei doch durch die Klimakrise bedroht, empörten sich wieder andere. Außerdem könne es in einer Demokratie doch nicht angehen, dass eine politische Haltung vom Geld abhänge. Wenn eine Bundesregierung ihre selbst gesteckten Klimaziele ohne Not aufgebe, dann sei es das Recht einer Gebietskörperschaft zu klagen – genau dazu gebe es unseren Rechtsstaat ja. So ging es eine ganze Weile hin und her, und es wurde klar, dass die Vorstellungen der Inselbewohner*innen zu weit auseinandergingen. Nur schon der Vorschlag einer Klage ließ bei einigen die Emotionen hochkochen. Es war abzusehen, dass wir während dieser Sitzung keine Lösung finden würden.

Nach anderthalb Stunden hatte jemand aus dem Publikum die rettende Idee: Nur wenige Tage später, nämlich vom 5. bis zum 10. August, sollte auf Pellworm die Energiewoche des Vereins »Watt und Mehr« stattfinden. Das Ganze hatte den überaus passenden Schwerpunkt »Klimawandel«, und unter anderem wurde Professor Hans Joachim Schellnhuber erwartet – einer der weltweit führenden Klimaforscher, langjähriges Mitglied im Weltklimarat IPCC sowie früherer Direktor des Potsdam-Instituts für Klimafolgenforschung. Er sollte einen Vortrag mit dem Titel »Wir verbrennen die Zukunft unserer Kinder« halten. Die ideale Gelegenheit, um sich umfassend über das Thema zu informieren und den Kontext einer möglichen Klage zu überblicken. Nach rund zwanzigminütiger interner Beratung kam der Gemeinderat zu dem Entschluss: Die Beschlussfassung zur Klimaklage und zur Klimaresolution wird verschoben. Die Gemeindevertreter*innen wollten zunächst noch den Vortrag Schellnhubers anhören. Der Verein »Watt und Mehr« war bereit, den Vortrag von Professor Schellnhuber am 8. August auf den Nachmittag zu verlegen. Im Anschluss daran sollte es dann eine Bürger*innenversammlung und abends eine Sondersitzung des Gemeinderates geben. Zudem sollte es eine nichtöffentliche Sitzung aller Gemeindevertreter*innen geben, zu der auch unser Rechtsanwalt Séverin Pabsch eingeladen wurde.

Normalerweise zeichnet sich unsere Inselgemeinschaft vor allem dadurch aus, dass alle mit allen zu tun haben. Es ist egal, wie jemand tickt, was er denkt oder welche Partei er wählt. Wenn wir uns treffen – auf der Fähre, im Supermarkt, bei der Post –, dann schnacken wir kurz miteinander. Das mag oftmals nur etwas Oberflächliches sein. Aber mir hat an dem Leben auf Pellworm eben immer so gut gefallen, dass man sich als eine Gemeinschaft fühlt.

Doch in den Tagen, die der Sitzung folgten, kochten die Emotionen auf der Insel teilweise ganz schön hoch. Die Möglichkeit zu klagen entwickelte sich zum allgemeinen Aufregerthema, über das auf einmal alle redeten. Mit ein wenig Stolz dachte ich mir, dass wir Backsens mit unserer Klimaklage und den vielen Gesprächen, die wir auf der Insel bereits geführt hatten, den Weg dafür doch auch mitgeebnet hatten. Unser Engagement hatte also tatsächlich etwas bewirkt. Es war nicht egal, ob ich mir meine Feierabende mit Klimaschutzaktionen um die Ohren schlug oder gemütlich ein Buch las. Zugleich nahm ich natürlich wahr, dass sich Spannungen breit machten, die wir sonst auf unserer Insel so nicht kannten. Ich hörte Bedenken und Begeisterung, Argumente und Widerworte. Selten zuvor habe ich die Pellwormer*innen so emotional über ein Thema miteinander debattieren sehen, das eigentlich ja »nur« die Gemeindevertreter*innen zu entscheiden hatten. Unser Bürgermeister, der den Vorschlag der Gemeindeklage eingebracht hatte, erhielt Post voller Häme und Beleidigungen. Ich war sowohl überrascht als auch schockiert.

Immerhin stellte niemand die Einhaltung der Klimaziele infrage. Es ging immer nur um den richtigen Weg dorthin. Dennoch konnte ich nicht wirklich verstehen, warum offenbar nach wie vor so viele Pellwormer*innen nicht sehen konnten oder wollten, was für eine Chance so eine Gemeindeklage wäre. Je näher der 8. August rückte, umso deutlicher war die Anspannung und Aufregung zu spüren – bei mir und bei allen anderen Pellwormer*innen.

8

Showdown auf Pellworm

SILKE Der Verein »Watt und mehr« setzt sich gemeinsam mit der Energie AG Pellworm seit mehr als zehn Jahren dafür ein, dass wir auf unserer Insel weniger Energie verbrauchen und dass wir unseren Strom irgendwann einmal zu 100 Prozent aus erneuerbaren Energien selbst erzeugen. Seit einigen Jahren organisieren die Mitglieder des Vereins unter anderem auch die sogenannte Energiewoche mit ihren Vorträgen und Exkursionen auf der Insel. Der schon erwähnte Vortrag von Professor Schellnhuber fand an einem Donnerstag statt. Das Thermometer zeigte angenehme 18 Grad an, als ich mich mit viel Neugier und auch Vorfreude auf den Weg zum Bürgerhus machte. Obwohl ich schon um halb vier Uhr dort ankam, eine halbe Stunde vor Beginn des Vortrags, war der Saal bereits brechend voll. Ich gesellte mich zu einigen Freund*innen und wartete gespannt auf das, was Herr Schellnhuber zu sagen hatte.

Hans Joachim Schellnhuber ist ein ruhiger, hagerer Mann Anfang siebzig. Aber er weiß, wie man überzeugt. Kein Wunder, denn er hat nicht nur die Bundesregierung und den Papst in Sachen Klimaschutz beraten. Er ist als Mitglied des Weltklimarates IPCC auch international vernetzt und folglich ein viel gefragter Experte. Es war toll, in diesem für unsere Insel so wichtigen Moment eine solche Kapazität zu Gast zu haben. Ich schaute mich im Saal um und konnte sehen, dass er die Menschen erreichte.

Ich kann mich noch sehr gut daran erinnern, wie die Spannung im Raum schlagartig stieg, als ein Zuschauer während der anschließenden Podiumsdiskussion fragte: »Und was ist mit Pellworm?« Ein Raunen ging durch das Publikum. Immerhin sprach er genau das an, worum es am heutigen Tag ging: die Zukunft unserer Insel. Mit seinem typischen trockenen Humor gab Schellnhuber zurück, eine Immobilie würde er sich hier nicht mehr kaufen. Durch den steigenden Meeresspiegel werde Pellworm in ein- oder zweihundert Jahren im Meer verschwunden sein – wenn wir nicht endlich handelten. Mit Handeln meinte er vor allem auch die Politik. »Das System entgleitet uns, wenn wir die Erderwärmung nicht bei 1,5 Grad begrenzen. Wenn uns dies in den nächsten zehn bis zwanzig Jahren nicht gelingt, ist der Prozess unumkehrbar!«, warnte er. »Und wir alle, jeder Einzelne von uns, ist verantwortlich dafür, dass wir unsere Stimme erheben und alles tun, um den Klimawandel zu stoppen. Eine Alternative dazu gibt es nicht!«

Gerade mal einen Tag zuvor, am 7. August 2019, war ein neuer Sonderbericht des Weltklimarats zu Klimawandel und Landsystemen erschienen. Er hatte erneut bestätigt, dass die Landwirtschaft von den Klimaveränderungen besonders betroffen sein würde.[14] Vorsichtig sah ich mich im Saal nach den Inselbewohner*innen um, von denen ich wusste, dass sie sich bislang noch nicht von einer Gemeindeklage hatten überzeugen lassen. Ihre Gesichter verrieten jedoch nicht, ob Professor Schellnhubers eindringlicher Appell Wirkung gezeigt hatte. Wir würden also wohl erst nach der anschließenden Sitzung der Gemeindevertreter*innen wissen, wie unser Pellwormer

Klimaklage-Krimi ausgehen würde. Und der sollte in der Tat noch einmal richtig spannend werden.

Nach dem Vortrag blieben wir alle gleich an Ort und Stelle: die etwa 300 Pellwormer Bürger*innen, der Gemeinderat und die eingeladenen Berater*innen. Just an diesem Tag hatte das Berliner Verwaltungsgericht den Termin für unsere mündliche Verhandlung mitgeteilt! Einerseits waren das großartige Neuigkeiten. Nicht jede Klage wird tatsächlich vor Gericht verhandelt, und auch wir hatten zuvor nicht gewusst, ob das bei uns der Fall sein würde. Andererseits war damit klar: Die Pellwormer Gemeinde würde spätestens bis zum 12. August ihre Klage einreichen müssen, wenn sie wollte, dass sie mit unserer gemeinsam verhandelt werden sollte. Diese Neuigkeit verlieh der anstehenden Sitzung also zusätzliche Brisanz und Dringlichkeit.

Was nun folgte, war die intensivste politische Debatte, die ich je im Bürgerhus erlebt habe. Sie dauerte mehr als anderthalb Stunden. Manche drückten ihre Sorge aus, dass es uns so ergehen könnte wie einem Dorf an der walisischen Küste: Innerhalb von nur zwanzig Jahren mussten dort alle Bewohner*innen umsiedeln, weil die britische Regierung entschieden hatte, dass eine weitere Investition in den Küstenschutz angesichts des steigenden Meeresspiegels keinen Sinn mehr hatte. Eine Entschädigung gab es für diese Menschen nicht. Ihre Häuser und Grundstücke waren von heute auf morgen wertlos. Drohte uns nicht das gleiche Schicksal? Wir alle hatten schließlich kurz zuvor erst die pessimistischen Prognosen von Professor Schellnhuber gehört.

Eines war klar: Nur wenn wir als Gemeinde jetzt klagten, hätten wir für ein Szenario wie das in Wales vielleicht noch eine juristische Grundlage, um Schadensersatz fordern zu können. Ohne eine solche Klage wäre alles, was nach 2020 geschehe, nur noch »höhere Gewalt«, wie Séverin Pabsch einmal erklärt hatte. Unter denen, die eine Klage befürworteten, waren auch viele junge Menschen, die zum Teil all ihren Mut zusammennahmen und das erste Mal in ihrem Leben vor so einem großen Publikum sprachen. Selbst der Landesbischof appellierte an uns Pellwormer*innen, uns nicht kleiner zu machen, als wir seien. »Eine Resolution ist angesichts der Herausforderungen zu schwach!«, rief er. »Ihr habt die einmalige Chance, diese Klage anzustrengen, ergreift sie, bleibt Pioniere.«

Auch die Gegner*innen der Klage kamen zu Wort. Von »Wir wollen lieber alle nach Berlin fahren und der zuständigen Bundesumweltministerin persönlich eine Resolution auf den Tisch legen« bis hin zu »Wir wollen nicht klagen, sondern den demokratischen Weg gehen« brachten sie zwar eine Menge Argumente vor. Aber keine, die aus meiner Sicht der Dringlichkeit der Klimakrise auch nur ansatzweise gerecht wurden. An dem Weg der Klage war jedenfalls nichts undemokratisch. Zudem konnten wir ja klagen und zusätzlich die Resolution überreichen – beides schloss sich also gar nicht aus.

Ich hielt mich mit Absicht zurück. Aber es bewegte mich sehr, mit wie viel Engagement, Herzblut, Emotionen, Fakten und Appellen die Bürger*innen von Pellworm den Gemeinderat darum baten, parteiübergreifend eine Lösung zu finden. Als unser Bürgermeister am Ende der Debatte fragte, wer von den Anwesenden im Publikum für den Kompromiss »Klimaklage plus Resolution« sei, standen bis auf wenige Ausnahmen alle auf.

Der Nachmittag ging bereits in den Abend über, als endlich die Abstimmung anstand. Wir hatten alle Fakten, alle Argumente, alle Ängste, Sorgen und Nöte auf den Tisch gelegt. Nun mussten unsere zehn Gemeinderatsmitglieder ihr

Gewissen befragen. Unser damaliger Bürgermeister Nieszery verlas die Beschlussvorlage zur Gemeindeklage und forderte die Ratsmitglieder auf abzustimmen. Wir hielten den Atem an. Im Bürgerhus war es so still, man hätte eine Stecknadel fallen hören. Dann hoben fünf die Hand für die Klage – und sechs dagegen. Damit war die Klage vom Tisch.

Es war wie ein Schlag ins Gesicht. Ich war so fassungslos, dass ich gar nicht mehr mitbekam, wie die Abstimmung weiterging. So erfuhr ich erst im Nachhinein, dass die Klimaresolution mit sieben zu vier Stimmen beschlossen wurde. Mit Tränen in den Augen raffte ich stattdessen meine Klamotten zusammen. Ich musste raus aus dieser Versammlung, raus aus diesem Gebäude, einfach nur raus …

Was für ein Desaster! Ich war maßlos enttäuscht, ja regelrecht bestürzt. Wie konnten sich politische Vertreter*innen diese historische Chance entgehen lassen, etwas für den Klimaschutz und für andere Gemeinden zu bewegen? Und das nach all den Fakten, die sie an diesem Tag noch einmal von Experten wie Hans Joachim Schellnhuber präsentiert bekommen hatten. Nach all den teilweise hoch emotionalen, aber dennoch sachlich fundierten Appellen und eindringlichen Bitten so vieler Bürger*innen. Was kann wichtiger sein als der Mehrheitswille der Bevölkerung und die Zukunft unserer Kinder?

Wütend stieß ich die Tür nach draußen auf und sog frische Seeluft in meine Lungen. Über mir schrie eine Möwe. Die Baumkronen hinter mir rauschten im Wind. Ich schaute die Straße hinunter zum Leuchtturm hinüber, der vor dem Deich aufragte. Wie lange würde es unsere geliebte Insel noch geben? Würden meine Enkelkinder hier schon nicht mehr leben können – oder würde es erst meine Urenkelkinder treffen? All die angestaute Anspannung, die Enttäuschung und auch die Wut über diese kurzsichtige Entscheidung brachen aus mir heraus. Ich schluchzte. Tränen liefen mir über das Gesicht. Bekannte, die mir nach draußen gefolgt waren, versuchten mich zu beruhigen und zu trösten. Aber auch sie waren schockiert und hatten keine Erklärung für das, was da gerade geschehen war. Später am Abend telefonierte ich noch mit Roda. Sie baute mich, wie meist in solchen Fällen, in ihrer recht nüchternen Art wieder auf: »Nicht verzweifeln«, meinte sie zu mir. Eine Klage von der Gemeinde Pellworm hätte vermutlich auch nicht mehr erreichen können als unsere Klimaklage. Das gab mir neuen Mut.

Ungeachtet der Gemeinderatssitzung und ihrer Entscheidung fand vor dem Amtsgebäude am nächsten Morgen ein weiterer Streik von Fridays for Future statt. Rund dreißig Menschen – Kinder, Jugendliche und Erwachsene – hatten sich dort versammelt, um zu zeigen: Wir geben nicht auf. Wir lassen nicht locker und machen so lange weiter, bis Pellworm, ja bis ganz Deutschland erkennt, dass ernsthafte, tiefgreifende Veränderungen notwendig sind, wenn auch die nachfolgenden Generationen noch ein gutes Leben auf diesem Planeten haben wollen. Auch Hans Joachim Schellnhuber kam vorbei und begrüßte die Jugendlichen mit »Ihr seid die Helden des 21. Jahrhunderts«. Allein seine Anwesenheit bestärkte die Protestierenden.

Ich war beeindruckt. Hier war einer, der schon viel länger kämpfte als wir. Sicherlich hatte er auch schon viel öfter damit klarkommen müssen, wie wenig die Politik zu tun bereit war. Und doch ließ er sich nicht unterkriegen. Im Gegenteil. Er baute die Jugendlichen wieder auf und ermutigte sie weiterzumachen. Seine Worte taten uns allen gut. Und doch blieb die Stimmung gedrückt. Wir alle, die wir hier für das Klima streikten, standen noch immer wie unter Schock und redeten an diesem Vormittag über kaum etwas anderes als die Sitzung vom Vorabend.

Die Kommentare und Leserbriefe, die in der darauffolgenden Ausgabe der Inselzeitung erschienen, geben einen Eindruck von der Bandbreite der Empfindungen. »Sie dürfen sich auf den Grabstein schreiben lassen, dass Sie nicht bereit waren, ein wirklich starkes Zeichen zu setzen«, war da etwa zu lesen. »Es gab keine Gewinner. Eigentlich nur Verlierer«, meinte jemand anders lapidar. Irgendjemand schrieb aber auch: »Konstruktive Zusammenarbeit für eine nachhaltige Zukunft auf Pellworm? Wir Pellwormer können das.« Auch in den politischen Fraktionen und Parteien gab es nach der Abstimmung Diskussionen und Uneinigkeit. Es kam zu außerordentlichen Versammlungen, Ideenschmieden und vielen Versuchen, das Geschehene zu verstehen und zu verarbeiten.

Dennoch dauerte es Wochen, bis Pellworm dieses Desaster überwunden hatte. Auch meine Erschütterung war so groß, dass sie sogar meine Vorfreude auf den Verhandlungstermin überlagerte. Und doch ging irgendwann das Leben einfach weiter. Die Menschen fingen wieder an, über andere, unverfänglichere Dinge zu reden. Langsam, aber sicher konnten wir uns wieder in die Augen schauen. In einer so kleinen Gemeinde wie der unseren muss man sich irgendwann wieder mit Wohlwollen begegnen können. Wir sind aufeinander angewiesen, es geht nicht anders. Und ich finde, dass das auch eine unserer größten Stärken ist.

❋ ❋ ❋

Während sich die Pellwormer*innen nach und nach wieder zusammenfanden, steuerten wir auf unseren großen Tag zu. Die Gerichtsverhandlung in Berlin sollte ausgerechnet am Reformationstag stattfinden. An einem 31. Oktober hatte bekanntlich Martin Luther seine 95 Thesen an die Schlosskirche in Wittenberg angeschlagen, mit denen er die Kirche erneuern wollte. Ich fand das nicht unpassend, denn immerhin wünschten auch wir uns einen echten Paradigmenwechsel.

Bis es so weit war, ging alles jedoch erst mal seinen Gang. Das Gericht hatte die Regierung aufgefordert darzulegen, welche Anstrengungen sie unternahm, um ein Überschreiten der eigenen Ziele zu vermeiden. Auf die erste Stellungnahme der Bundesregierung hatten wir Mitte September unsere Erwiderung abgegeben. Daraufhin war eine zweite Stellungnahme durch die Anwaltskanzlei Köhler & Klett bei uns angekommen, abermals hatte Roda Verheyen eine Erwiderung verfasst. Eine nennenswerte Veränderung der beiden Positionen hatte es dabei nicht gegeben. Es ging um die Details des CO_2-Budgets und um die Schutzpflichten des Staates aus den Grundrechten. Juristisches Fachdeutsch, aber die Fronten waren klar.

Währenddessen setzten die Fridays-for-Future-Aktivist*innen ihren Protest auf Pellworm und im Rest der Welt fort. Am 20. September 2019 fand der dritte globale Klimastreik von FFF statt. Allein in Deutschland folgten laut Veranstalter 1,4 Millionen Menschen dem Aufruf. Das waren so viele wie nie zuvor. In 150 weiteren Staaten und Tausenden von Städten gingen die Menschen an jenem Freitag ebenfalls für mehr Klimaschutz auf die Straße. Ich war beeindruckt, dass mittlerweile so viele Menschen dasselbe dachten wie wir und lautstark mehr Klimaschutz forderten. Die Proteste verliefen bunt, kreativ und fröhlich. Auch bei uns auf der Insel. Knapp hundert Demonstrierende waren an jenem Freitag aufgetaucht. Ein Inselrekord. Unter dem Motto »Uns steht das Wasser bis zum Hals« ging es diesmal nicht nur wie sonst vom Amtsgebäude zum Hafen. Anschließend pilgerte die gesamte

Gruppe auch noch an den Badestrand beim Leuchtturm. Etwa zwanzig Wagemutige stiegen dort mitsamt ihren Schildern für eine Bade-Demo in die Fluten. Eine Aktion, die sogar bundesweit in den Medien für Aufsehen sorgte.

Die Nacht zuvor hatte die Große Koalition in einer langwierigen Verhandlung um die Eckpunkte für ihr Programm gerungen, das die Einhaltung der Klimaziele 2030 sicherstellen sollte. Gegen Mittag des 20. September präsentierte sie ihr Ergebnis. Während der Pressekonferenz gab Angela Merkel unumwunden zu, dass das Klimaziel 2020 nicht mehr einzuhalten sei – aufgrund der Untätigkeit ihrer eigenen Regierung! Deshalb wolle die GroKo nun die Anstrengungen ihrer Ministerien nicht nur jährlich, sondern auch in Zwischenschritten überprüfen. Sollte sich dabei herausstellen, dass die Ziele nicht erreicht wurden, mussten die Ministerien Sofortmaßnahmen ergreifen. Insgesamt wollte sich die Regierung das beschlossene Maßnahmenpaket satte 54 Milliarden Euro kosten lassen.

Das klang nach großartigen Ambitionen. Doch als ich mir die einzelnen Punkte näher ansah, las sich das Ganze eher wie eine Farce. So hatten Union und SPD die Einführung eines CO_2-Preises beschlossen. Das war an sich ein großartiger Schritt, denn damit würde alles, was weniger Treibhausgase verursachte, automatisch günstiger als das, was die Klimakrise befeuerte. Allerdings war der Einstieg mit zehn Euro pro Tonne Kohlendioxid geradezu lachhaft niedrig. Auch der für die folgenden Jahre geplante Anstieg des Preises würde wohl kaum eine echte Lenkungswirkung haben. Beim Ausbau der erneuerbaren Energien sah die Sache ähnlich aus. Zwar sollten sie bis 2030 65 Prozent des verbrauchten Stroms liefern. Doch stieß der Ausbau der Erneuerbaren nach wie vor auf große Hindernisse. Beispielsweise sind die Abstandsregelungen zwischen Windrädern und Wohnhäusern Ländersache. Und diese legen zum Teil so große Abstände fest, dass dies de facto den Ausbau verhinderte.

Angesichts der Millionen demonstrierender Menschen war mir wirklich schleierhaft, wie die Politik immer noch derart untätig bleiben konnte. Es kam mir so vor, als hätte die Mehrheit der Menschen mittlerweile klar erkannt, dass das Haus brennt. Doch statt die Feuerwehr mit Blaulicht loszuschicken, genehmigte unsere Regierung drei Eimer Wasser zum Löschen – und auch das erst nach zähen Verhandlungen. Wir Klimaschützer*innen machten trotzdem alle weiter. Aufgeben war und ist für uns keine Option. Wir Backsens luden mit einem kleinen Text in unserer Inselzeitung alle Pellwormer*innen herzlich dazu ein, zur öffentlichen Gerichtsverhandlung nach Berlin zu kommen und uns zu unterstützen. Und ich ließ weiterhin keine Gelegenheit aus, um über unsere Klimaklage und die dringende Notwendigkeit stärkerer Klimaschutzmaßnahmen zu sprechen. Ich reiste bei uns im Norden zu Veranstaltungen und Demos, sprach auf Bühnen und in Diskussionsrunden, hielt Vorträge und gab Interviews.

Mittlerweile hatte ich viel Erfahrung und Selbstvertrauen gesammelt, um überzeugend über die Klimaklage zu berichten, die Menschen mitzunehmen und zu begeistern. Wenn ich so zurückblickte, wie aufgeregt ich noch wenige Monate zuvor bei der Demo »Wir haben es satt!« gewesen war, spürte ich, wie sehr ich mich durch all die Herausforderungen weiterentwickelt hatte. Ich war nicht nur sicherer bei öffentlichen Auftritten oder vor größerem Publikum geworden. Ich hatte auch mehr und mehr die Gewissheit gewonnen, dass mein Einsatz wirklich notwendig war und dass ich alles in meiner Macht Stehende unternehmen musste, um politisch etwas zu bewegen. »Es geht immer um alles« lautet ein Spruch, der in der großen Wohnküche unseres Bauernhofs über dem Esstisch hängt. Und selten war mir unser Familienmotto so wahr und wichtig vorgekommen wie damals.

So vergingen die Tage und Wochen wie im Flug. Und ehe wir uns versahen, war es Ende Oktober und somit Zeit, unsere Taschen zu packen und uns auf den Weg nach Berlin zu machen.

❋ ❋ ❋

Zwei Tage vor der Verhandlung nahm ich wieder mal früh morgens die erste Fähre, um anschließend mit dem Zug nach Hamburg zu fahren. Die Kinder würden am nächsten Tag nachkommen. Die Zeit bis zur Verhandlung glich einem Endspurt, ohne dass ich einschätzen konnte, ob wir nun gewinnen würden oder nicht. In Hamburg sollte ich an diesem Vormittag bei Greenpeace an einem Pressehintergrundgespräch teilnehmen. Der Raum war voller Journalist*innen, und ich musste unweigerlich an unser erstes Pressegespräch vor gut einem Jahr denken. Wie aufgeregt wir im Obstgarten vor unserem Haus gesessen und zum ersten Mal die Fragen des Journalisten beantwortet hatten. Und wie wenig wir damals geahnt hatten, was uns im Laufe des Jahres noch alles widerfahren würde. Wie sehr uns die Klimaklage verändern sollte und wie groß die Unterstützung sein würde.

Damals hätte ich nicht im Traum daran geglaubt, dass innerhalb weniger Wochen eine weltweite Bewegung wie Fridays for Future entstehen würde. Und dass das Thema »Klimakrise« die Schlagzeilen in so gut wie allen Medien beherrschen würde. Das alles war großartig. Und zugleich war es unglaublich frustrierend zu erleben, wie die Politik darauf reagierte. Vor allem die Ereignisse der vergangenen Monate – die enttäuschenden Stellungnahmen der Regierung, die niederschmetternde Entscheidung des Gemeinderats auf Pellworm im August und das ernüchternd zaghafte Klimaschutzpaket der Großen Koalition im September – hatten unserer Klimaklage in meinen Augen noch viel mehr Bedeutung verliehen. Das Zaudern der Politik konnte ich mir nur noch dadurch erklären, dass enormer Druck vonseiten irgendwelcher Interessenverbände jede weitergehende Maßnahme verhinderte. Vielleicht konnten ja wir mit unserer Klage den dringend nötigen Gegendruck erzeugen. Vielleicht gäbe es sogar Politiker*innen, die froh wären, durch eine erfolgreiche Klage unsererseits zum Liefern gezwungen zu sein und dabei keine Zugeständnisse mehr machen zu dürfen. Doch was konnten wir noch tun, um das Gericht von unserer Sichtweise zu überzeugen?

* * *

Die Antwort auf diese Frage sollten wir am Tag vor unserer Verhandlung erhalten. Wir waren frühmorgens mit dem Zug von Hamburg nach Berlin gefahren und standen nun vor der politischen Vertretung von Greenpeace in Berlin-Mitte, irgendwo in einer Nebenstraße in Fußnähe zum Bundestag. Hier wollten wir den Tag verbringen. Mit noch mehr Interviews und Pressegesprächen am Vormittag – und mit der strategischen Vorbereitung auf den morgigen Verhandlungstag am Nachmittag. Die Spannung, aber auch die Vorfreude waren groß. Endlich würden wir uns alle, die an der Klimaklage mitwirkten, mal wieder treffen.

Die beiden anderen Kläger*innenfamilien waren bereits da. Die Blohms aus dem Alten Land bei Hamburg hatten innerhalb kürzester Zeit ihre leckeren Äpfel im gesamten Büro verteilt. Überall wurde gelacht, geredet und diskutiert. Wir tauschten uns mit den anderen Bauernfamilien aus: Wie war ihr Jahr verlaufen? Welche Erfahrungen hatten sie gemacht? Und wie lief es bei ihnen in der Landwirtschaft? Die Dürre war 2019 noch extremer gewesen als im Jahr zuvor. Uns Bauern und Bäuerinnen hatte das arg zu schaffen gemacht. Zwischendurch verschwand immer wieder jemand von uns in einem der Räume, um ein Interview zu geben.

Nach einem gemeinsamen Mittagessen wurde es schließlich ernst: Wir zogen uns in den großen Konferenzraum zurück, um die komplette Verhandlung durchzusprechen. Roda und Séverin erklärten uns minutiös den Ablauf und jeden einzelnen Schritt der Verhandlung. Sie gaben uns Tipps, wie wir uns verhalten sollten: »Schaut immer zum Richter« oder »Verfolgt den gesamten Verhandlungsverlauf mit größtem Interesse«. Die Richter sollten schließlich merken, wie ernst uns die Sache war. Außerdem arbeiteten wir an unseren Statements. Jede Kläger*innenfamilie konnte nämlich während der Verhandlung noch einmal die wichtigsten Punkte persönlich vortragen – *die* Gelegenheit, um dem Gericht klarzumachen, wie viel für uns auf dem Spiel steht. Roda war sich nicht sicher, ob das Gericht dem zustimmen würde, aber versuchen würde sie es – »es ist schließlich eure Klage«, sagte sie.

Am Ende des Tages waren wir alle vollkommen geschafft, aber auch absolut motiviert. Als wir abends auseinandergingen, waren wir bereit, alles zu tun, um vor Gericht am nächsten Tag einen Sieg davonzutragen.

Die Backsens: Hannes, Sophie, Jakob und Paul mit ihren Eltern Silke und Jörg

Idyll vor dramatischem Himmel: Auf der Weide bei unseren Rindern

Auf dem Hof spielt sich alles ab: Silke und Sophie auf dem Trecker

Eine Insel im Ausnahmezustand: Trockenheit und extremer Niederschlag wechseln sich ab

Auch im kühlen Norden geht es hoch her: Diskussionsrunde am Abend des Klima-Aktions-
tags »Pellworm und die Klimakrise« – ein Grund zur Klage?", April 2019

Pellworms Klimaaktivist*innen geben nicht auf. Prof. Dr. Dr. Schellnhuber stärkt ihnen
nach seinem Vortrag im Rahmen der Energiewoche den Rücken, Sommer 2019

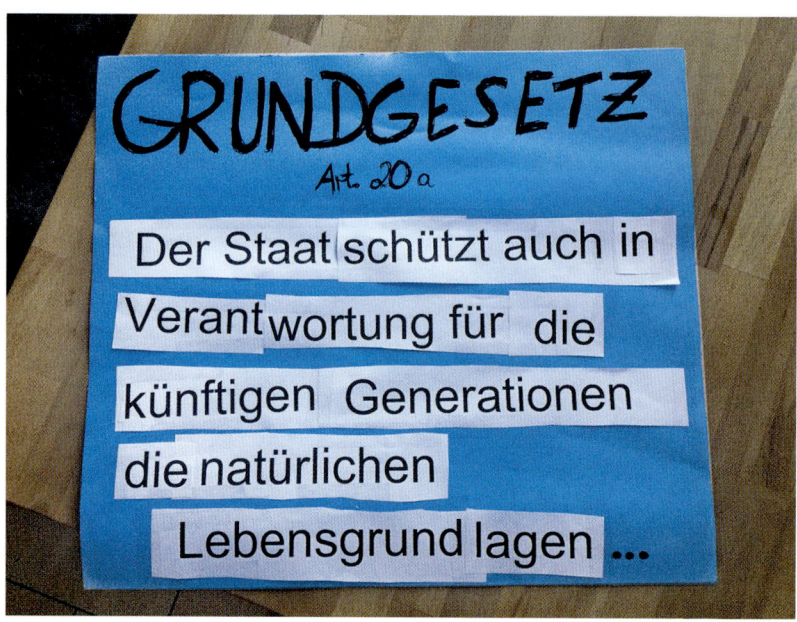

Das Demo-Plakat bastelte Silke für eine Fridays-for-Future-Demo – lange bevor die richtungsweisende Klage vor dem Bundesverfassungsgericht ins Rollen kam

Die Klage wird abgewiesen – trotzdem wurde viel erreicht: Greenpeace-Anwältin Roda Verheyen stellt sich den Fragen der Journalist*innen, Oktober 2019

Fridays for Future auch auf Pellworm, September 2020

Uns steht das Wasser bis zum Hals – buchstäblich

Bei der zweiten Klage dürfen wir nicht mit ins Gericht.
Stattdessen: digitale Pressekonferenz in Corona-Zeiten, April 2021

Ein Jahrhundert-Urteil: Niemand hatte ernsthaft damit gerechnet, dass wir tatsächlich gewinnen würden – coronakonformes Anstoßen auf den großen Erfolg

Beim Buchholzer Nachhaltigkeitspreis – Sophie bekommt den Sonderpreis »Klimaschutz«, Juli 2021

Party mit Abstand: Wir feiern den Erfolg in Coronazeiten nordisch-kühl am Deich

Es ist noch nicht geschafft, aber wir haben viel erreicht.
Und alle wollen jetzt Pellworm sehen: Fotosession am Deich bei Wind und Wetter

9
Ein Prozess mit
viel Aufmerksamkeit

SILKE Endlich war der Tag der Verhandlung gekommen. In aller Frühe mussten wir bereits einige Interviews geben. Schon um kurz nach 7 Uhr war ich auf dem Weg ins ARD-Hauptstadtstudio, um im *Morgenmagazin* live auf Sendung zu gehen. Ich kannte den Ablauf ja schon: erst in die Maske, dann ins Studio. Drei, vier Fragen später war alles schon wieder vorbei. Ich raste noch mal schnell ins Hotel, um zu frühstücken, ehe wir gemeinsam aufbrachen. In einem großen Tross gingen wir zu Fuß vom Hotel zum Verwaltungsgericht, das nicht weit entfernt lag.

Als wir in die Kirchstraße in Berlin-Moabit einbogen, blieb uns fast die Spucke weg: Die gesamte Straße war abgesperrt und voll mit Menschen. Auf einem grellgrünen Traktor hatte die Arbeitsgemeinschaft bäuerliche Landwirtschaft ein großes Schild befestigt: »Klima retten heißt Ernte retten« stand darauf. Daneben rund hundert Demonstrierende. Ganz vorne dran die Greenpeace-Jugend mit einem riesigen Transparent: »Ihr klagt für alle. Wir stehen hinter euch.« Ich bekam einen Kloß im Hals, und meine Augen wurden feucht. All diese Menschen waren gekommen, um uns zu unterstützen. Ich griff nach Sophies Hand und drückte sie. Als wir vor dem Gerichtsgebäude ankamen, klatschten die Menschen sogar. Wir konnten es gar nicht fassen, dass sie alle unseretwegen hier waren. Selbst von unserer Insel waren sie angereist. Etwa vierzig Pellwormer*innen waren unserem Aufruf in der Inselzeitung gefolgt, hatten gemeinsam einen Reisebus gemietet und waren am Abend zuvor in der Hauptstadt eingetroffen. Mit so viel Solidarität und Wertschätzung hatten wir nun wirklich nicht gerechnet. Es war berauschend und extrem motivierend.

Anike erzählte uns, dass just in diesen Minuten eine Delegation von Greenpeace beim Bundeskanzleramt eine Petition zur Unterstützung der Klimaklage abgab, die von sage und schreibe 134 867 Leuten unterschrieben worden sei. Selbstverständlich wartete auch die Presse vor dem Verwaltungsgericht, und wir Klimakläger*innen gaben ein Interview nach dem anderen. Dazwischen hielten Leute von der AbL und von Fridays for Future kurze Reden.

Kurz vor zehn Uhr machten wir uns auf zum Verhandlungssaal. Wir drückten uns an einer langen Schlange vorbei, passierten die Sicherheitskontrollen und suchten im Saal unsere Plätze. Wir saßen direkt hinter unserer Anwältin und unserem Anwalt in der zweiten Reihe – von uns aus gesehen links, weil wir die Kläger*innen waren. Die Anwält*innen der Bundesregierung als Vertreter*innen der Beklagten saßen rechts. »Ungewohnt«, flüsterte mir Anike augenzwinkernd zu. Greenpeace ist es sonst eher gewohnt, sich vor Gericht verteidigen zu müssen, also in Gerichtssälen rechts zu sitzen. Ich schaute mich um und entdeckte die Pellwormer*innen. Zum Glück waren sie reingekommen. Denn obwohl die Verhandlung in den größten Saal des Gerichts verlegt worden war, reichten die Stühle nicht aus. Nicht alle, die wollten, konnten deshalb an der Verhandlung teilnehmen. Der Raum selbst war mehr als nüchtern: Das Neonlicht auf den weißen Wänden verbreitete eine kalte Stimmung. Die ebenfalls weißen Lamellenvorhänge an den Fenstern waren zugedreht, sodass sie uns zwar vor den Blicken der Passanten da draußen schützten, aber auch das Sonnenlicht aussperrten.

Ich saß dicht gedrängt zwischen Jakob und Sophie und versuchte mich zu konzentrieren. Tausend Gedanken rasten mir durch den Kopf. Vor uns ließ die Presse ihr Blitzlichtgewitter auf uns niederprasseln. Ich versuchte mich zu erinnern, woran wir alles denken sollten. »Denkt dran, den Richter anzuschauen und immer konzentriert zuzuhören«, flüsterte ich meinen beiden Kindern zu. Wie die Heringe aufgereiht saßen wir Backsens da, in dieser vollkommen ungewohnten und auch ungemütlichen Atmosphäre, bereit, unser Bestes zu geben. Zum Glück war die Stimmung im Saal dank der vielen Zuschauenden auf unserer Seite, das war deutlich zu spüren.

Schließlich betraten die Richter den Saal, und alle erhoben sich. Dann eröffnete der vorsitzende Richter die Verhandlung. Nachdem er angemerkt hatte, dass er in seiner gesamten Laufbahn noch keine Verhandlung vor so einem großen Publikum abgehalten hatte, stellte er zunächst seine vorläufige Rechtsauffassung dar. Demnach würden heute nicht die Klimaschutzziele der Bundesregierung verhandelt werden, sondern lediglich die Frage, ob ein Kabinettsbeschluss rechtlich verbindlich war oder nicht, und ob Einzelne daraus einen Anspruch ableiten können. Die Bundesregierung hatte ihre Klimaschutzziele bisher nämlich nur in Klimaschutzaktionsprogrammen und Kabinettsbeschlüssen festgelegt. Zwar war inzwischen der Vorschlag für ein Klimaschutzgesetz im Kabinett verabschiedet worden. In genau diesem Vorschlag allerdings wurde das Ziel für 2020 effektiv um zwei Jahre verschoben.

Heute sollte das Gericht entscheiden, ob wir die Umsetzung

eines solchen Plans einklagen konnten oder nicht – und ob sich Klimaschutz als relevant für den Schutz der Grundrechte einstufen ließe. Für normale Bürger*innen wie uns hörte sich das alles schon etwas spitzfindig an. Aber wenn wir es auf diesem Wege schaffen sollten, die Bundesregierung zum längst überfälligen Handeln zu zwingen, war uns das natürlich nur recht. Es folgte ein kompliziertes Rechtsgespräch über die rechtliche Natur der Kabinettsbeschlüsse zum 40-Prozent-Ziel und zu den deutschen EU-Klimazielen, die auch in der Klage mit verarbeitet worden waren (und die ebenfalls gerissen würden).

Nach einer Bitte von Roda forderte der Richter uns Kläger*innenfamilien dann auf, unsere Standpunkte in wenigen Minuten vorzutragen. Aus dem Publikum gab es Applaus, was für eine Gerichtsverhandlung sehr ungewöhnlich ist. Uns tat er richtig gut. Für unsere Familie sprach mein Mann Jörg. Als er durch den Mittelgang zum Mikrophon ging, konnte ich sehen, wie aufgeregt er war. Doch alles lief gut. Danach trat Roda Verheyen nach vorne und hielt ein wirklich beeindruckendes Plädoyer.

Roda ist einer der eindrucksvollsten Frauen, die ich kenne. Nach ihrem Studium in Hamburg, Oslo und London ging sie bereits in ihrer Doktorarbeit der Frage nach, ob es möglich ist, Staaten für ihr Nichthandeln in Sachen Klimaschutz vor Gericht zur Verantwortung zu ziehen. Darüber, dass die USA 2001 beschlossen, das Kyoto-Protokoll der UN nicht zu ratifizieren, war Roda so entsetzt, dass sie das »Climate Justice Programme« gründete. Dieses Netzwerk unterstützt und berät bis heute dabei, gerichtlich gegen Klimasünder*innen vorzugehen. Seit 2006 arbeitet sie selbst als Anwältin und Richterin und heute auch als ehrenamtliche Richterin am Hamburgischen Verfassungsgericht.

Jetzt stand sie da, blonder Bob, dunkle Brille, schwarze Robe, und bot mit ihrem einstündigen Plädoyer eine Mischung aus Kompetenz, Kampfgeist und Warmherzigkeit. Schritt für Schritt zählte sie die Versäumnisse in der Klimapolitik der Bundesregierung auf. Sie legte genau dar, wieso diese Versäumnisse unsere Grundrechte auf Leben und Gesundheit, Berufsfreiheit und Eigentumsgewährleistung verletzten. Dass der Staat verpflichtet sei, die Grundrechte seiner Bürger*innen zu schützen und dass das Klimaziel 2020 ein verbindlicher Rechtsakt sei. Indem die Bundesregierung nicht genug dafür tue, um dieses Ziel auch wirklich einzuhalten, verstoße sie gegen das Umweltrecht und das Grundgesetz.

Die Anwält*innen der Bundesregierung hielten natürlich dagegen: Die Eigenverantwortung der Exekutive müsse gewahrt bleiben, lautete nach wie vor ihr Standpunkt. Wie die Bundesregierung denn ihre selbst erklärten Ziele erreichen wolle, wollte der Richter nach ihrem Plädoyer wissen. Immerhin habe sie bereits eingestanden, dass diese mit den bisher beschlossenen Maßnahmen nicht mehr zu schaffen seien … Die Anwält*innen hatten diese Frage mit Sicherheit erwartet. Ihre Antwort: Man werde dann einfach Emissionszertifikate kaufen – egal wo. Zur Not in Bulgarien! Wir Klimakläger*innen blickten uns an. Wäre die Sache nicht so ernst gewesen, hätten wir darüber lachen können. Aus dem Publikum hinter mir hörte ich hier und da ein entrüstetes Schnauben. Etliche Stunden ging es zwischen dem Richter und den Anwält*innen der beiden Parteien noch hin und her. Fragen wurden gestellt, Antworten gegeben, Vorwürfe erhoben und dementiert. Die ganze Zeit über dachten wir Backsens an die Regeln »Augenkontakt mit dem Richter« und »Aufmerksam zuhören«. Und das war doch ganz schön anstrengend in diesem ungemütlichen, von Neonlicht durchfluteten Raum mit seinen unbequemen Stühlen, von der zunehmend stickigen Luft und all dem trockenen Juristenjargon ganz zu schweigen.

Nach langen fünf Stunden war die Verhandlung vorbei. Anderthalb Jahre voller Arbeit, Engagement und Kampf hatten uns an diesen Punkt gebracht. Wir hatten alles gegeben. Nun war es an den Richtern zu entscheiden, was Recht war und was nicht. Für uns gab es jetzt nichts mehr zu tun.

Sobald sich die Richter erhoben und zur Beratung und Entscheidung zurückgezogen hatten, öffneten sich die Türen wieder für die Presse. Wie eine Welle stürzten sich die Presseleute auf uns. Wieder ging ein wahres Blitzlichtgewitter auf uns hernieder. Die Journalist*innen versuchten sich mit ihren Fragen gegenseitig zu übertönen. Alle wollten das beste Statement einfangen. Zum Glück war es Roda, die alle Fragen beantwortete. Wir Kläger*innenfamilien konnten kurz durchatmen. Dann wurde die Presse gebeten, wieder zu gehen. Im Saal wurde es mucksmäuschenstill. Die Richter kamen zurück. Die Spannung war kaum auszuhalten. Zur Urteilsverkündung erhoben wir uns alle. Der vorsitzende Richter räusperte sich, dann verlas er das Urteil. Und alles, was ich verstehen konnte war: Unsere Klage war abgewiesen.

❋ ❋ ❋

Natürlich hatten wir mit dieser Möglichkeit rechnen müssen. Damit muss man immer rechnen. Mit Roda und Séverin waren wir am Tag zuvor alle möglichen Szenarien durchgegangen, wie das Urteil ausfallen könnte. Auch über eine mögliche Niederlage hatten wir gesprochen – und darüber, was das dann für uns bedeuten würde. Wir hatten uns sogar schon überlegt, was wir Backsens in jedem dieser Fälle sagen wollten, damit wir auf die Fragen der Presse vorbereitet sein würden. Dennoch traf mich das Urteil heftiger, als ich selbst es erwartet hätte. Seit anderthalb Jahren hatten wir so viel für die Klimaklage gegeben. Instinktiv legte ich meine Arme um meine Kinder und zog sie an mich. Für mich war es schon schlimm. Wie würde es erst für sie sein? Immerhin ging es ja noch viel mehr um ihre Zukunft als um die von Jörg und mir. Ich schaute zu ihnen herüber und sah die maßlose Enttäuschung in ihren Augen. Es tat mir im Herzen weh.

Das Urteil war kaum gesprochen, der Richter war gerade gegangen, und wir saßen noch im Verhandlungsraum auf unseren Stühlen, da überwältigte uns zum dritten Mal der Presserummel. Wieder stürzten alle auf uns zu, um unsere unmittelbaren Reaktionen auf das Urteil einzufangen. »Das Gericht hat nicht das getan, was gut für unsere Zukunft ist. Mit diesem Urteil wird keine Tonne CO_2 eingespart. Wir sind schon jetzt von der Klimakrise betroffen – ganz konkret. Wie schlimm soll es denn noch werden?«, war mein Kommentar. Doch zum Glück war es wieder einmal vor allem Roda, die sich den Fragen stellte. Ja, sie wurde förmlich von Kameras und Mikros umzingelt. So rückten wir schnell in den Hintergrund.

Wir versuchten, uns keinerlei Regung anmerken zu lassen. Das Urteil mussten wir alle erst einmal sacken lassen. Ich hörte Roda zu, wie sie souverän die Fragen beantwortete. Sie strahlte weiterhin Energie und Zuversicht aus und schien von dem Urteil keineswegs so enttäuscht zu sein wie ich. Ich hörte darum genauer hin und bekam mit, dass sie von einem Teilerfolg sprach. Zwar sei das Gericht zu dem Ergebnis gekommen, wir Landwirt*innen und unsere Familien seien nicht in einem so großen Ausmaß von den Folgen der Klimakrise betroffen, dass unsere Grundrechte bereits verletzt werden. Außerdem habe der Staat auch Anstrengungen unternommen, die immerhin zu einer Reduzierung von geschätzten 32 Prozent bis 2020 führen würden. »Das war nicht nichts, damit sind vielleicht nicht alle zufrieden, aber es war kein völliges staatliches Versagen«, erklärte in diesem Sinne später der Pressesprecher der Verwaltungsgerichts Stephan Groscurth.[15] Dennoch, so Roda weiter, habe das Gericht auch zwei sehr wichtige und weitreichende Aussagen zugunsten aller künftigen Klimaklagen getroffen. Nämlich die, dass der Standpunkt der Bundesregierung, wonach staatliches Handeln überhaupt nie gerichtlich überprüft werden könne, nicht richtig sei. Was das bedeutete, erläuterte Roda der Presse: »Zum einen ist Klimaschutz damit justiziabel. Und zum anderen hat das Gericht ganz klar festgestellt, dass Klimaschutz Grundrechtsschutz ist. Die deutsche Klimaschutzpolitik muss sich danach richten.«[16] Außerdem sei ja auch die Berufung zugelassen worden – wegen der grundlegenden Bedeutung der Sache.

Damit hatte das Verwaltungsgericht Berlin der Argumentation der Bundesregierung eine sehr weitreichende Abfuhr erteilt.

Während die Verteidigung der Bundesregierung ziemlich schnell verschwand, blieben wir Klimakläger*innen noch lange im Sitzungssaal und ließen die vielen Eindrücke auf uns wirken. Nach und nach wurde es um uns herum ruhiger. Erst hatte das Publikum den Saal verlassen, dann hatten immer mehr Journalist*innen ihre Sachen eingepackt und waren gegangen. Das allerletzte Interview verweigerte ich. Ich konnte einfach nicht mehr, wir mussten erst einmal richtig durchatmen. Und erst jetzt begannen wir allmählich zu begreifen, was da gerade passiert war. Es war eben nicht nur eine Niederlage gewesen. Nein, wir hatten erfolgreich verloren! Es war also doch nicht alles umsonst gewesen. Ich konnte geradezu körperlich spüren, wie der Druck von mir abfiel, ja, wie wieder so etwas wie Freude in mir aufstieg. Wir hatten es geschafft, gemeinsam. Wir hatten die erste deutsche Klimaklage vor Gericht erstritten! Und wir hatten immerhin einen Teilsieg errungen! Damit konnte ich gut weitermachen. Darauf konnte ich, darauf konnten wir alle stolz sein!

Erschöpft, aber auch erleichtert machten wir uns wenig später gemeinsam auf den Weg zum Hotel. Uns allen war nun so richtig nach Feiern zumute. Wir wollten erst mal anstoßen und uns für das belohnen, was wir gemeinsam erreicht hatten. Ich erinnere mich noch an all die fröhlichen Gesichter und den Haufen ausgelassener Menschen. Die zurückliegende intensive Zeit hatte uns mit so vielen tollen und engagierten Menschen zusammengebracht. Da war eine starke Verbundenheit entstanden, und so versprachen wir uns, mit unserem Kampf für mehr Klimaschutz weiterzumachen. Gemeinsam und alle einzeln an ihrem Ort. Dieses Urteil sollte nicht das letzte gewesen sein. Wir wollten weiterstreiten – vor allem für die junge Generation!

Irgendwann später fuhren wir erneut zur politischen Vertretung von Greenpeace, um die Verhandlung und weitere mögliche Schritte noch einmal in Ruhe durchzusprechen. »Die Bundesregierung hat ja gerade ihr neues Klimaschutzgesetz vorgelegt«, meinte Roda zu uns. Ihrer Einschätzung nach solle dies wohl noch im Jahr 2019 vom Bundestag beschlossen werden. Mit diesem Gesetz gebe es noch mal einen ganz neuen Ansatz für eine Klage. An dem Tag klang es für mich so, als ob das alles noch in weiter Ferne läge. Dass dieser neue Ansatz, den Roda erwähnt hatte, schneller als gedacht unser Leben ein weiteres Mal auf den Kopf stellen würde, davon ahnten wir damals natürlich noch nichts.

Stattdessen trafen wir am Abend die Pellwormer Delegation in einer kleinen Kneipe um die Ecke. Wir umarmten uns und feierten weiter. Im Kneipenfernseher lief die *Tagesschau*, in der auch über unser Gerichtsurteil berichtet wurde. Es war seltsam, uns selbst dort auf dem Bildschirm zu sehen. Nachdem wir anschließend in einem Restaurant gegenüber noch etwas gegessen hatten, fuhren wir vollkommen erschöpft, aber immer noch aufgewühlt und aufgekratzt zusammen mit der Pellwormer Gruppe im Reisebus nachts zurück Richtung Heimat.

10

Eine neue Chance

SOPHIE Als die jungen Menschen überall auf der Welt zum globalen Klimastreik aufriefen, war ich gerade dabei, nach Kiel zu ziehen, um an der Christian-Albrechts-Universität Agrarwissenschaft zu studieren. Ich hatte ein Zimmer in einer WG gefunden und packte meine Sachen, um dann ab Mitte Oktober zu den ersten Vorlesungen zu gehen. Fast jedes Wochenende fuhr ich allerdings wieder zurück auf die Insel und half auf dem Hof. Und jedes Mal war das für mich wie eine Welt, in der die Uhren anders ticken. Bereits auf der Fähre merkte ich, wie der Stress und die Hektik des Festlands von mir abfielen. Natürlich hatte ich auch auf Pellworm meine Aufgaben. Aber irgendwie ist es etwas anderes auf so einer Insel. Es gibt keine Geschäfte, die einen zum Shoppengehen auffordern. Es gibt keine Bahn, die man unbedingt noch ganz schnell erwischen muss. Und keinen Vorlesungsplan, der genau vorschreibt, wie der nächste Tag aussehen wird. Dafür gibt es den weiten Himmel, den Wind, das Schreien der Möwen, das Wattenmeer und das Grün der Deiche. Auf dem Hof gleicht kein Tag dem anderen. Und selbst wenn man sich morgens etwas vorgenommen hat, weiß man doch nie, ob man seine Zeit am Ende nicht mit etwas ganz anderem verbringt. Kurz und gut: Etwas Schöneres als ein Leben auf Pellworm könnte ich mir gar nicht vorstellen. Und so träumte ich in diesem Herbst immer konkreter davon, eines Tages den Hof meiner Familie zu übernehmen. Die Edenswarf.

Bei allen Träumen, machte ich mir aber auch keine Illusionen. Denn so viel war klar: Wenn in der Klimapolitik alles so weiterlaufen würde wie bisher, sah es für meine Zukunftspläne nicht gut aus. Seit Jahren fordern Wissenschaftler*innen aus der ganzen Welt immer eindringlicher, die Politik müsse dringend etwas gegen die Klimakrise tun. Den meisten Menschen meiner Generation ist das durchaus bewusst. Sie überlegen sich, wie sie selbst zum Schutz des Klimas beitragen können, etwa, indem sie bewusster einkaufen und insgesamt weniger konsumieren. Gleichzeitig ist ihnen aber klar, dass wir notwendige Veränderungen wie die Energie-, Mobilitäts- oder die Agrarwende nur schaffen, wenn die Politik klare Rahmenbedingungen vorgibt. Doch offenbar können noch so viele Leute demonstrieren gehen – die Politik scheint nichts unternehmen zu wollen. Jedenfalls längst nicht genug.

Deshalb machen sich Menschen in meinem Alter immer mehr Sorgen. Ich war wirklich erstaunt, wie viele von ihnen bereit waren, ihr Freizeit zu opfern, um Fridays-for-Future-Demos zu organisieren oder daran teilzunehmen. Besonders beeindruckend war dann der Weltklimastreik am 20. September 2019 mit Millionen von Teilnehmenden. Allein in Kiel liefen geschätzte 16 000 Kinder und Jugendliche durch die Innenstadt. Immer wieder hörte ich den Protestruf »Wir sind hier, wir sind laut, weil ihr uns die Zukunft klaut«. Doch genutzt hatte das alles nicht viel. Die Bundesregierung hatte noch am selben Tag ihr Klimapaket vorgestellt, das für mich ein totaler Witz war angesichts dessen, was der Weltklimarat forderte, eine internationale Institution, die den aktuellen

Stand der wissenschaftlichen Forschung zum Klimawandel für politische Entscheidungsträger zusammenfasst.

Es ist mir wirklich immer noch ein Rätsel, wie die Politiker*innen mit diesem Entwurf stolz vor die Kameras treten konnten. Sie mussten doch wissen, dass die darin beschlossenen Maßnahmen nicht ausreichten, um das 1,5-Grad-Ziel zu erreichen. Selbst das 2-Grad-Ziel würden sie damit vermutlich verfehlen.

Die nächste Enttäuschung folgte schon bald. Drei Wochen später wies das Berliner Verwaltungsgericht dann auch noch unsere Klimaklage ab. Die Begründung: Die Folgen der Klimakrise würden uns noch nicht in einem Ausmaß treffen, das schlimm genug sei. In meinen Ohren klang das ganz schön zynisch. Ja klar, wir hatten trotzdem einen Teilsieg errungen: Klimaklagen waren laut Gericht generell möglich, Klimaschutz ist ein Menschenrecht. Aber dennoch war ich total enttäuscht. Und so tauchte ich nach Berlin erst mal wieder in mein normales Studienleben ab, und die Alltagsroutine machte sich breit: montags bis freitags Vorlesungen. Am Wochenende auf dem Hof mithelfen.

So vergingen die Wochen und Monate. Dass das Klimaschutzgesetz am 19. Dezember 2019 im Bundestag und tags darauf im Bundesrat beschlossen wurde, bekam ich nur am Rande mit. Irgendwie hatte ich die Hoffnung aufgegeben, dass wir mit so etwas wie einer Klage oder mit Demos wirklich etwas verändern könnten. Dass »die da oben« tatsächlich auf die Sorgen und Appelle von uns jungen Leuten hören würden. Ich ging in Deckung und schottete mich von diesem Teil der Wirklichkeit ab, der mir Angst machte. Ich wollte mich einfach nur noch um mein Studium, meine Freundschaften, mein Leben kümmern. Doch dann kam eine E-Mail von Roda, und alles änderte sich.

Ich saß gerade mitten in einer Vorlesung und checkte mein Handy. Da sah ich »Roda Verheyen« als Absender und im Betreff »Klimaklage – Nächste Schritte«. Ich wunderte mich. Was konnte sie von mir wollen? Als ich die E-Mail öffnete, fiel mir gleich auf, dass alle Kinder der Blohms und Lütke Schwienhorsts im CC standen. Beide Familien hatten mit uns zusammen die Klimaklage angestrengt. Ich überflog die Zeilen.

Roda schrieb, dass wir ja schon öfter mal über die Möglichkeit einer Verfassungsbeschwerde gesprochen hätten. Sie hatte einen solchen Ansatz für uns bisher nicht verfolgt, weil unklar war, ob wir mit unserer Verwaltungsklage in weitere Instanzen gehen würden. Außerdem wusste bis dahin niemand genau, was in einem Klimaschutzgesetz überhaupt stehen würde. Nachdem inzwischen aber die Bundesregierung ihr Klimaschutzgesetz verabschiedet hatte, lohnte es sich nach Rodas Meinung, vor das Bundesverfassungsgericht zu ziehen und prüfen zu lassen, ob unsere Sicht der Dinge stimmte: Dass nämlich die Bundesregierung mit den CO_2-Reduktionszielen des Klimaschutzgesetzes die Einsparung von Treibhausgasen auf den Sankt-Nimmerleinstag verschob, im Klartext: auf Kosten von uns, der jungen Generation!

Außerdem hatte das Bundesverfassungsgericht die Bundesregierung, den Bundestag und den Bundesrat im August 2019 schriftlich aufgefordert, bis Mitte November zu einer Verfassungsbeschwerde Stellung zu nehmen, die bereits im November 2018 von einem Klagebündnis eingereicht wurde. Dieses bestand aus dem Solarenergie-Förderverein Deutschland (SFV), dem Bund für Umwelt und Naturschutz Deutschland (BUND) und vielen Einzelkläger*innen, wie etwa dem Schauspieler Hannes Jaenicke und dem ehemaligen CSU-Bundestagsabgeordneten Josef Göppel. Eine Stellungnahme fordert das Verfassungsgericht nur an, wenn es sich mit einer Klage genauer beschäftigen will – also eine reelle Chance für eine Verhandlung sieht. Für Klagen auf einen besseren Umweltschutz war das damals eine Premiere und ein großer Erfolg. Das Gericht hatte solchen Klagen bis dahin nämlich kaum Erfolgsaussichten eingeräumt und sie nach knapper Prüfung gar nicht erst angenommen.[17]

Roda musste nicht lange argumentieren, um mich von der Sache zu überzeugen. Bei meinen Brüdern war es genauso, und so sagten wir sofort zu. Und wir blieben wieder nicht allein. Auch die Kinder der Familien, mit denen wir bereits vor dem Verwaltungsgericht in Berlin geklagt hatten, entschieden sich dafür mitzumachen – Lucas Lütke Schwienhorst aus Brandenburg sowie Franziska und Johannes Blohm aus dem Alten Land. Außerdem wollte sich Lüke Recktenwald anschließen, dessen Eltern das Biohotel auf Langeoog besaßen. Am Klimaaktionstag vor gut einem Jahr hatte meine Mutter sie besucht. Und auch die Fridays-for-Future-Aktivistin Luisa Neubauer war mit dabei. Unterstützen wollten uns die Organisationen Germanwatch, Greenpeace und Protect the Planet.

Zeitgleich mit unserer Verfassungsbeschwerde sollten noch zwei weitere eingereicht werden. Die eine war von einem elfjährigen Mädchen aus Bangladesch ins Rollen gebracht worden. Ende November 2019 hatte sie dem Bundesgeschäftsführer der Deutschen Umwelthilfe (DUH) Jürgen Resch einen Brief mit einer eindringlichen Bitte geschrieben: Sie fragte, ob die Organisation sie dabei unterstützen könne, die Bundesregierung wegen ihrer klimapolitischen Versäumnisse zu verklagen.[18] Die Deutsche Umwelthilfe beschloss daraufhin, die Klage von fünfzehn Kläger*innen aus Bangladesch und Nepal, die bereits zu dem Zeitpunkt unmittelbar von den Folgen der Klimakrise betroffen waren, einzureichen. Außerdem unterstützte sie noch eine weitere Klage von der heranwachsenden

Generation in Deutschland, die langfristig unter den Folgen der Klimakrise zu leiden haben würde. Hier waren es zehn Kinder und junge Erwachsene aus der deutschen Fridays-for-Future-Bewegung, die klagten. Der Beschwerdeführer und FFF-Aktivist Linus Steinmetz erklärte dazu: »Meine Generation geht seit Monaten für mehr Klimaschutz auf die Straße. Die Regierung unter Angela Merkel schafft bisher trotzdem kaum mehr als leere Versprechen in Sonntagsreden. Wenn die Bundesregierung von sich aus nicht in der Lage ist, konsequenten Klimaschutz umzusetzen, muss sie gerichtlich dazu verpflichtet werden.«[19] Er sprach mir aus der Seele.

Um ehrlich zu sein, machte ich mir damals nicht allzu große Hoffnungen auf einen Erfolg. Doch es fühlte sich irgendwie gut und richtig an, weiterzumachen und die Sache nicht einfach auf sich beruhen zu lassen. Dass wir diesmal eine bunte Truppe von jungen Leuten mit ganz unterschiedlichen Hintergründen waren, gefiel mir besonders. Gemeinsam würden wir dafür sorgen, dass das Thema Klimaschutz auch weiterhin auf der politischen Tagesordnung stand! Denn egal, ob wir nun gewinnen würden oder nicht. Allein, dass wir die Beschwerde einreichten, so viel wusste ich ja nun, würde eine große mediale Wirkung haben. Und wer weiß – vielleicht hatten wir diesmal ja mehr Glück. Die Chance war jedenfalls da, wie uns Roda versicherte.

Was uns ebenfalls Mut machte, war ein Gerichtsurteil, das etwa zur gleichen Zeit – nämlich Anfang Dezember – in den Niederlanden gefällt wurde. Während deutsche und europäische Klimaklagen bisher mehr oder weniger gescheitert waren, hatte der »Hooge Rad« pünktlich zu Weihnachten der Klimaklage der niederländischen Umweltstiftung Urgenda auch in dritter und letzter Instanz recht gegeben. Die Regierung, so befand das Berufungsgericht, müsse bis Ende 2020 mehr

Kohlendioxid einsparen, als sie sich vorgenommen hatte. Das Land müsse seinen CO_2-Ausstoß im Vergleich zu 1990 um 25 Prozent reduzieren. Ein historisches Urteil! Denn nun war klar, dass das Versprechen, das eine Regierung mit der Unterzeichnung des Pariser Klimaabkommens abgegeben hat, auch vor Gericht einklagbar ist. Umweltschutzorganisationen und Aktivist*innen der Climate-Justice-Bewegung feierten das Urteil. Die niederländische Regierung legte zusätzliche Maßnahmen fest, mit denen sie das vom Gericht verfügte Ziel erreichen konnte. Zum Beispiel verschärfte sie das Tempolimit auf Autobahnen und beschleunigte den Ausstieg aus der Kohlestromversorgung.[20]

Nachdem wir Roda zugesagt hatten, passierte aber erst mal gar nichts. Mein Leben ging ganz normal weiter. Weihnachten und Silvester verbrachte ich zu Hause mit der Familie. Dann, Anfang Januar, erhielten wir von Greenpeace die Nachricht, dass es bereits am 15. Januar 2020 eine Pressekonferenz in Berlin geben sollte, bei der wir alle drei Verfassungsbeschwerden gemeinsam vorstellen wollten. Roda musste die Klageschrift also in rasender Geschwindigkeit während der Feiertage vorbereitet haben. Meine Brüder und ich hatten davon nichts mitbekommen, und nun sollte es auf einmal schon losgehen. Ein wenig überrumpelt, überlegten wir, wie wir auf die Nachricht reagieren sollten. Der 15. Januar war ein normaler Werktag, da mussten meine Brüder alle zur Schule oder zur Arbeit. Von den anderen Mitkläger*innen hatte auch nur Luisa Neubauer Zeit. Also sagte ich spontan zu, packte Mitte Januar meine Tasche und fuhr nach Berlin.

Als wir am Mittwochmorgen von Hamburg nach Berlin losfuhren, war es dunkel, nass und kalt. Meine Mutter und ich hatten die Nacht bei Freunden in Hamburg verbracht. Mit uns im Zug saßen Anike Peters von Greenpeace und Roda Verheyen, die wir am Hauptbahnhof getroffen hatten. Unterwegs gingen wir noch einmal mein Statement durch: Ich sollte neben Luisa Neubauer die Betroffenenperspektive rüberbringen, also von Pellworm, dem Hof und unseren bitteren Erfahrungen mit Starkregen und Dürre berichten.

Während es draußen langsam heller wurde, klarte auch der Himmel auf. Als wir in den Berliner Hauptbahnhof einfuhren, schien sogar ein wenig die Sonne. Wir nahmen das als ein gutes Zeichen und beschlossen, zu Fuß entlang der Spree zum Haus der Bundespressekonferenz zu gehen.

Ich war ziemlich gespannt, wie der Tag heute laufen würde. Als wir nach zehn Minuten das Foyer betraten – eine Art Innenhof, der von einem großen Glasdach überspannt ist –, wartete dort bereits ein Kamerateam der ARD auf mich. Es wollte mit mir ein Interview für die *Tagesschau* drehen. Ich war zwar aufgeregt, aber alles lief glatt, und so ging mein erster Pressetermin des Tages schnell über die Bühne. Die Pressekonferenz selbst fand dann allerdings nicht in dem großen Saal mit der blauen Wand statt, den man regelmäßig in den Nachrichten sieht. Stattdessen mussten wir außen um das Gebäude herum in einen kleineren Raum. Vorne waren vier Stehtische mit weißen Tischdecken aufgebaut, an denen wir nachher stehen sollten. Davor mehrere Stuhlreihen für die Presse.

Einige Journalist*innen saßen bereits da, checkten ihre Handys, unterhielten sich oder bauten ihre Kameras auf. Alle wirkten ziemlich routiniert. Ich dagegen wurde immer nervöser. Nach und nach füllte sich der Raum. Alle Schwergewichte wie ARD, ZDF und Co. waren da. Sogar ausländische Medien waren vertreten. Ich war auf der einen Seite freudig überrascht, dass unsere Ankündigung so viel Interesse hervorgerufen hatte. Das zeigte doch, dass das Thema Klimaschutz mittlerweile viel mehr Aufmerksamkeit in den Medien bekam. Auf der anderen Seite wurde die Veranstaltung für mich, die ich ja bei der ersten Klage nie allein vor der Kamera gestanden hatte und insgesamt eher im Hintergrund geblieben war, erst recht zu einer echten Mutprobe.

Endlich ging es los. Der Reihe nach sprachen wir ins Mikrophon und versuchten mit eigenen Worten darzulegen, wie dringlich die Situation ist und worauf es uns bei der Verfassungsbeschwerde ankam: Dass wir so schnell wie möglich politische Regelungen brauchen, damit auch künftige Generationen noch gesund und in Freiheit leben können.

Wir erklärten, dass das Klimaschutzgesetz dem neuesten wissenschaftlichen Kenntnisstand überhaupt nicht gerecht wird. Es setzt zwar die Empfehlungen des Weltklimarates (IPCC) von 2016 um, wonach wir den Ausstoß von Treibhausgasen weltweit bis 2030 um »nur« 55 Prozent gegenüber dem Stand von 1990 reduzieren mussten. Legt man allerdings das CO_2-Budget zugrunde, das Deutschland noch hat, müssten wir unseren CO_2-Ausstoß bis 2030 um mindestens 70 Prozent im Vergleich zu 1990 reduzieren.[21] Nach den aktuellen Erkenntnissen des IPCC könnte es jedoch sogar sein, dass wir durch die Treibhausgase, die wir bis jetzt in die Atmosphäre gepustet haben, bereits die durchschnittliche Temperatur um 1,5 Grad erhöhen. Ja, die Wissenschaftler*innen schlossen nicht aus, dass wir allein schon aufgrund der zurückliegenden Emissionen sogenannte Kipppunkte erreichen würden. Wenn zum Beispiel die Permafrostböden in Russland auftauen, die Eisschilde in der Arktis oder Antarktis schmelzen, der Regenwald abbrennt oder das Meer aufhören würde, eine Kohlenstoffsenke zu sein – dann könnte schon eines dieser Ereignisse eine Kettenreaktion auslösen und die Erderwärmung deutlich beschleunigen. Wie bei einer Reihe von Dominosteinen würde ein Stein nach dem anderen fallen. Für uns Menschen wäre es dann sehr schwer oder sogar unmöglich, das noch aufzuhalten. »In diesem Falle könnten ganze Bereiche Nordeuropas und anderer Kontinente unbewohnbar werden«, hatte Roda in unserer Verfassungsbeschwerde geschrieben. Und mit jeder Tonne Kohlendioxid, die wir ausstoßen, kommen wir diesem Punkt näher. Mit anderen Worten: Das 1,5-Grad-Ziel ist laut Weltklimarat keineswegs übervorsichtig oder viel zu streng formuliert. Es ist vielmehr dringend notwendig, dieses Ziel einzuhalten. Die durchschnittliche Temperatur der Erde hat sich schon jetzt um 1 Grad erhöht. In Deutschland im Schnitt sogar um 1,9 Grad. Und dabei treten die Folgen der Treibhausgase, die wir heute freisetzen, erst in Jahren ein.

Das Klimaschutzgesetz ging jedoch mit keiner Silbe auf diese alarmierenden Notrufe der Wissenschaft ein. Dazu kam, dass die Bundesregierung noch keine Prognosen darüber hatte, wie viel Kohlendioxid Deutschland durch die Maßnahmen, die sie beschlossen hatte, einsparen könnte. Würden wir damit überhaupt auch nur das 55-Prozent-Ziel bis 2030 erreichen können? Umweltschutzorganisationen waren da skeptisch. »Studien schätzen, dass mit den bisher vorgelegten Gesetzen selbst dieses [Ziel] erheblich verfehlt wird«, hatte ich noch am Morgen in der Zusammenfassung gelesen, die Roda von unserer Verfassungsbeschwerde gemacht hatte.[22] Und die Erfahrung mit dem 2020-Ziel, das die Große Koalition einfach sang- und klanglos unter den Tisch hatte fallen lassen wollen, stimmte mich ebenfalls nicht gerade hoffnungsvoll. Roda Verheyen erwähnte in der Klageschrift Berechnungen, wonach Deutschland das, was wir eigentlich bis 2020 an CO_2 einsparen wollten, erst bis 2025 schaffen würde. »Dadurch gelangen über das kommende Jahrzehnt zwischen 2020 und 2030 insgesamt zusätzlich zirka 800 Millionen Tonnen CO_2

in die Atmosphäre, so die Berechnung des Deutschen Instituts für Wirtschaftsforschung.«[23]

Würden wir so weitermachen, wie die GroKo es in ihrem Klimaschutzgesetz beschlossen hatte, dürften die Menschen in Deutschland ab 2030 überhaupt kein Treibhausgas mehr ausstoßen. Dann wären dramatische Veränderungen notwendig. Dabei war klar, dass wir alles, was wir uns jetzt an Ausgaben für Klimaschutzmaßnahmen einsparten, in zehn oder zwanzig Jahren doppelt und dreifach so teuer würden bezahlen müssen. Warum? Weil mit jedem Hundertstel Grad, um das sich die Erdatmosphäre im Schnitt erwärmt, die Anzahl und das Ausmaß von Extremwetterereignissen wie Stürmen, Überflutungen oder Dürren steigen. Die Schäden, die dabei entstehen, verursachen uns sehr viel mehr Kosten als der Klimaschutz hier und jetzt. Und auch die Investitionen für notwendige Anpassungsmaßnahmen sind dann größer. So wie wir auf Pellworm wegen der Klimakrise die Deiche drastisch erhöhen und die Pumpstationen bauen und vertiefen müssen, so sind überall in Deutschland kostspielige Veränderungen erforderlich. Kurz gesagt: Je weniger wir heute gegen den durchschnittlichen Temperaturanstieg tun, desto teurer wird das für die künftigen Generationen. Für uns junge Menschen macht das unser weiteres Leben zudem nahezu unplanbar.

Was, wenn meine Generation in Zukunft alle paar Jahre mit Katastrophen rechnen muss, wie wir sie im Juli 2021 im Ahrtal und anderswo erlebt haben? Wer könnte sich da noch vorstellen, ein Haus zu bauen, ein Geschäft zu gründen oder einen Bauernhof zu betreiben? Dann würden so elementare Grundrechte wie das Recht auf Nahrung oder auf Gesundheit betroffen sein. In unserer Klageschrift listete Roda »das Generationenproblem weiter steigender Temperaturen« auf: Hitzewellen, immer mehr Allergene, steigendes Risiko für

Asthma und Hautkrebs, neuartige Krankheiten, globale politische Instabilität, Meeresspiegelanstieg, gigantische Kosten für Klimaschäden und -anpassungen.[24] »Die Emissionskurve, die wir sehen, ist quasi eine Antifreiheitskurve«, erklärte Anike von Greenpeace während der Pressekonferenz und brachte die Sache damit auf den Punkt. Wir alle, die wir an der neuen Klage beteiligt waren, hatten das Gefühl, dass sich die meisten Menschen in Deutschland über diese Zusammenhänge und Konsequenzen kaum Gedanken machten. Anders konnte zumindest ich mir nicht erklären, dass sich hierzulande so unfassbar wenig bewegt. Für viele junge Menschen in meinem Alter stellen sich diese Fragen nach unserer Zukunft dafür umso mehr. Und die Antworten darauf sind alles andere als beruhigend.

All dies wollten wir vom Bundesverfassungsgericht auf den Prüfstand stellen lassen. Und wir wollten wissen, ob sich unsere Regierung durch die Unterzeichnung des Pariser Klimaabkommens tatsächlich selbst dazu verpflichtet hatte, sich an das 1,5-Grad-Ziel und damit an eine CO_2-Einsparung von um die 70 Prozent bis 2030 zu halten. Außerdem forderten wir, dass die einzelnen Ministerien nicht einfach CO_2-Zertifikate aus dem Ausland kaufen konnten, wenn sie ihre jeweiligen Ziele verfehlten. Unserer Meinung nach könnte die deutsche Regierung andernfalls ihre Nachlässigkeit einfach hinter den Gesamtzahlen Europas verstecken und sich so ihrer Verantwortung für den Schutz der Grundrechte ihrer Bürger*innen entziehen. Außerdem fanden wir, dass ein Klimaschutzgesetz auch aufzeigen müsste, wie der Pfad für Deutschland zwischen 2030 und 2050 hin zu einem klimaneutralen Land aussehen sollte. Dazu hatte die Große Koalition in ihrem Gesetz nämlich auch rein gar nichts verlauten lassen. Allein das hätte schon eine Verfassungsbeschwerde gerechtfertigt, um auf diese Weise zu zeigen, wie ernst die Lage ist.

Wie auch schon bei der Klimaklage vor dem Berliner Verwaltungsgericht wollten wir der Politik mit unserer Verfassungsbeschwerde nicht vorschreiben, wie sie die Treibhausgasminderung erreichen sollte. Wir wollten »nur«, dass sie die von der Wissenschaft empfohlenen Ziele anstrebt und zudem nachvollziehbar darlegt, dass ihre Maßnahmen dazu geeignet sind. Dennoch kamen an diesem Tag einige Vorschläge auf den Tisch. Jürgen Resch, der Geschäftsführer der Deutschen Umwelthilfe, wunderte sich zum Beispiel, dass wir Klimadreckschleudern wie die großen und schweren Autos nicht nur nicht verbieten – wir förderten sie auch noch mit Mitteln des Bundes. Etwa 93 Prozent aller besonders klimaschädlichen Autos seien Dienstwagen, würden also von uns allen steuerlich gefördert. Andere Länder hätten hier Obergrenzen. In Österreich könne man zum Beispiel nur 40 000 Euro für einen Dienstwagen absetzen, in Frankreich nur 20 000 Euro. Ebenso erstaunlich sei es, dass wir als letztes Industrieland der Welt kein Tempolimit hätten. Etwa 5 Millionen Tonnen Kohlendioxid könnten wir so pro Jahr einsparen. Würden wir das Tempolimit auf 100 Stundenkilometer senken, wären es sogar noch mehr. In den Niederlanden etwa dürfen die Menschen zum Beispiel zwischen 6 und 19 Uhr nur noch 100 fahren, damit das Land seine Klimaziele schafft.[25] Ich weiß, dass an dieser Stelle oft mit dem Wert der Freiheit argumentiert wird. Aber ich kann überhaupt nicht nachvollziehen, wieso es diese einfache Klimaschutzmaßnahme (selbst unter der Ampelkoalition) immer noch nicht gibt. Was, so frage ich mich, ist die Freiheit, mit dem Auto über Autobahnen zu rasen, im Vergleich zu der Freiheit eines sicheren und gesunden Lebens in der Zukunft?

Während die Rechtsanwält*innen die juristischen Hintergründe der Beschwerde erläuterten, sprachen wir Beschwerdeführenden darüber, inwiefern wir persönlich betroffen waren. Ich erzählte also einmal mehr von Pellworm, unserem Hof und den unklaren Aussichten für meine Zukunft. Von unserer ersten Klimaklage und davon, dass sie trotz der Niederlage ein Teilerfolg war. Immerhin war nun klar, dass Bundesbürger*innen auf mehr Klimaschutz klagen konnten. Nach mir erzählte Luisa Neubauer von ihren Erfahrungen bei Fridays for Future und wie wenig sie durch ihre friedlichen Proteste hatten bewegen können – trotz Millionen von Demonstrierenden.

Obwohl wir in der Pressekonferenz jede Menge Informationen, Argumente und Hintergründe lieferten, verging die Zeit wie im Flug. Schneller, als ich dachte, war das Ganze wieder zu Ende. Nach einem kleinen Imbiss sollte es im Anschluss gleich nach Hause gehen. Wir tauschten kurz unsere Eindrücke aus und stellten fest, wie sehr wir alle hofften, dass sich durch die Verfassungsbeschwerde nun doch endlich etwas bewegen würde. Als ich am Abend wieder in Kiel ankam, war ich vollkommen erledigt, aber auch zufrieden. Der ganze Tag und vor allem die Erfahrung, mit meinem Anliegen nicht allein kämpfen zu müssen, hatten mir einen Motivationsschub gegeben. Ich war nun noch entschlossener, mich zu engagieren und den Klimaschutz in Deutschland voranzubringen. Aber dann kam Corona. Und auf einmal schien es so, als wäre das Thema »Klimakrise« wie vom Erdboden verschluckt worden.

11

Corona und der Klimaschutz

SOPHIE Ich weiß noch, dass kurz nach unserer Pressekonferenz am 27. Januar 2020 in Bayern der erste Corona-Fall gemeldet wurde. Für uns im hohen Norden war das zu dem Zeitpunkt noch weit weg. Mitte Februar reichten wir unsere Verfassungsbeschwerde beim Bundesverfassungsgericht ein (Aktenzeichen 1 BvR 288/20). Nur wenig später kam es während des Karnevals zu ersten größeren Corona-Ausbrüchen. Das Virus breitete sich zunächst nur in einigen Regionen, schon bald aber über ganz Deutschland aus. Anfang März wurde von den ersten Todesfällen berichtet. Ich steckte zu der Zeit mitten in den Abschlussprüfungen meines ersten Semesters. Wirklich besorgt war ich damals nicht. Niemand hätte sich landesweite Lockdowns vorstellen können. Und erst recht keine, die monatelang andauern.

Dann kamen die Semesterferien, und ich wollte nach Pellworm zurück. Am 11. März, dem Tag, an dem die Weltgesundheitsorganisation (WHO) den Ausbruch der Covid-19-Krankheit als weltweite Pandemie einstufte, hatte mein Bruder Hannes Geburtstag. Deshalb machte ich auf meinem Heimweg einen Abstecher zu unserem Haus in Husum, in dem er, wie wir anderen Backsen-Kinder zuvor auch, während seiner Oberstufenzeit wohnte. Mittlerweile war das Virus auch in Schleswig-Holstein angekommen. Aber immer noch wirkte alles so irreal und weit weg, dass wir nur im Scherz meinten, wir sollten uns wohl lieber nicht umarmen. Wenige Tage später, als wir alle bereits auf dem Hof auf Pellworm waren, kam es am 16. März dann zum bundesweiten Lockdown. Noch immer änderte sich für uns nicht allzu viel. Die Arbeit auf den Feldern und im Stall ging wie gewohnt weiter. Doch die Tourist*innen und Zweitwohnungsbesitzer*innen mussten von heute auf morgen die Insel verlassen. Am 22. März beschlossen Bund und Länder die Abstandsregeln im öffentlichen Raum, die Maskenpflicht in Geschäften und im öffentlichen Nahverkehr. Sie schlossen die Gastronomie sowie viele weitere Betriebe. Sie untersagten Treffen von mehr als zwei Personen und schlossen die Schulen und Unis.

Viele Pellwormer*innen, die vom Tourismus leben, wurden von den Maßnahmen hart getroffen. Auch uns fehlten die Einnahmen aus der Vermietung der Ferienwohnungen. Aber wir hatten ja den Hof, und so gab es nicht nur jede Menge zu tun, wir konnten auch den Einnahmeverlust halbwegs verkraften. Ich verbrachte die folgenden Monate auf der Insel: Vormittags »besuchte« ich meine Online-Vorlesungen und lernte für die Uni. Nachmittags half ich meinem Vater auf dem Hof oder meiner Mutter beim Zählen der Wiesenvögel. Der Lockdown fühlte sich wie ein verlängerter Urlaub an. Auf einmal hatten wir alle sehr viel Zeit füreinander. Das war schön. Auch die Tatsache, dass Pellworm wie leer gefegt war, so ganz ohne die Feriengäste. Nun waren wir Pellwormer*innen unter uns. Bei meinen Touren mit dem Rennrad oder den Inline-Skatern genoss ich das regelrecht. So hatte ich unsere Insel noch nie erlebt, und ich stellte mir vor, dass das Leben früher – für meine Ururgroßeltern, als es noch nicht so üblich war, dass alle irgendwo Urlaub machten – wohl ähnlich ruhig gewesen sein musste.

Kurze Zeit später erhielten meine Brüder und ich von Roda die Nachricht, dass das Bundesverfassungsgericht den Bundestag, den Bundesrat, das Bundeskanzleramt, das Bundesministerium des Innern, für Bau und Heimat, das Bundesministerium der Justiz und für Verbraucherschutz sowie alle Länderregierungen aufgefordert hatte, zu unserer Verfassungsbeschwerde Stellung zu nehmen. Das war ein gutes Zeichen, denn das geschieht nur, wenn das Gericht ernsthaft erwägt, einen Fall zur Verhandlung zuzulassen. Wir freuten uns natürlich. Aber viel gab es für uns nicht zu tun. Das änderte sich auch nicht, als Ende Oktober endlich die Stellungnahmen vom Deutschen Bundestag und der Bundesregierung beim Bundesverfassungsgericht eintrudelten. Roda schickte uns die Schreiben per E-Mail weiter, und ich überflog sie. Sie waren enttäuschend. Aber irgendwie hatte ich nicht wirklich mit etwas anderem gerechnet.

Sowohl der Bundestag als auch die Bundesregierung stimmten uns zwar zu, dass das 1,5-Grad-Ziel möglichst erreicht und das Überschreiten der sogenannten Kipppunkte vermieden werden sollten. Doch für sie bedeutete das nicht, dass sich aus dem Grundrecht konkrete Reduktionsziele für Treibhausgase ableiten lassen. Ihre Begründung: »Gesetzgeber und Bundesregierung schulden grundrechtlich ... nicht die Reduktion der nationalen THG-Emissionen in einem bestimmten Umfang, sondern die Begrenzung des globalen Temperaturanstiegs.«[26] Und Letzteres könne Deutschland ohnehin nicht alleine erreichen (unser Land ist nämlich für gerade mal 2 Prozent aller Treibhausgasemissionen weltweit verantwortlich). Deshalb, so die Stellungnahmen weiter, komme es zwar auch darauf an, was wir hier in Deutschland reduzieren; in erster Linie aber seien internationale diplomatische Anstrengungen gefordert. Mit anderen Worten: Deutschland musste nach Ansicht von Bundestag und Bundesregierung seinen Kohlendioxidausstoß nicht, wie vom Weltklimarat empfohlen, schnell und deutlich reduzieren – es konnte genauso gut alles daransetzen, auf diplomatischem Wege andere Länder dazu zu bringen, das an unserer Stelle zu tun ... Ein schlechter Scherz, fand ich.

Knapp ein Jahr nachdem wir unsere Beschwerde eingereicht hatten, gab Roda im Februar 2021 unsere Erwiderung ab. Darin wunderte sie sich darüber, dass der Bundestag und die Bundesregierung zwar den von uns vorgetragenen Sachverhalt bestätigten (das 1,5-Grad-Ziel und die Kipppunkte), aber dennoch keinerlei Grund für rechtliche Konsequenzen sahen, wenn das Klimaschutzgesetz »in sehr erheblichem Maß von den (anerkannten) IPCC-Reduktionspfaden entfernt ist«, wie Roda schrieb. Zwei Dinge ärgerten mich dabei ganz besonders. Zum einen listete Roda in ihrer Erwiderung eine ganze Reihe von Studien und Szenarien auf, die zeigten, dass es zum damaligen Zeitpunkt technisch und wirtschaftlich sehr wohl möglich war, die vom Weltklimarat genannten Reduktionsziele zu erreichen. Somit fehlte es offenbar allein am politischen Willen, diese Möglichkeiten zu nutzen.[27] Eine Erkenntnis, die mich maßlos enttäuschte und zu meiner Politikverdrossenheit beitrug. Zum anderen zeigte das Handeln der Politik während der Corona-Pandemie ja mehr als deutlich, dass sie durchaus in der Lage war, unbeliebte Maßnahmen durchzusetzen – wenn sie es denn wollte. Zu der Zeit, als ich Rodas Erwiderung überflog, hatte der Bundestag Hilfspakete in historischem Ausmaß genehmigt. Geld, das aller Voraussicht nach meine Generation würde zurückzahlen müssen. Vor diesem Hintergrund zu argumentieren, dass wir uns

Klimaschutz nicht leisten könnten, war in meinen Augen geradezu absurd. Immerhin steckte dieses Land damals rund 46 Milliarden Euro in klimaschädliche Subventionen, wie eine Studie im Auftrag von Greenpeace zeigte. Wir finanzierten damit jährlich 100 Millionen Tonnen Treibhausgase – so viel wie der gesamte Straßenverkehr in unserem Land jedes Jahr verursacht.[28]

Auf die Spitze getrieben wurde mein Frust dann Mitte März. Ich weiß noch genau, wie ich damals zusammen mit meinem Bruder Hannes auf der Terrasse in der Sonne saß, einen Kaffee trank und Pause von der Hofarbeit machte. Ich sah gerade auf meinem Smartphone die neuesten Nachrichten durch, da las ich folgende Meldung der ARD: »Bundesregierung hält mit 40,8 Prozent das Klimaschutzziel 2020 ein – wegen der Corona-Pandemie.« Ich tippte auf das Video und sah mir den entsprechenden Bericht in der *Tagesschau* an. Rund ein Drittel des CO_2-Rückgangs sei auf die eingeschränkte Mobilität während der Corona-Pandemie zurückzuführen, hörte ich die Sprecherin aus dem Off sagen. Dann sah ich die Bundesumweltministerin Svenja Schulze einen Ausdruck mit abfallenden Kurven in die Kamera halten. Unter ihrer Maske schien sie zufrieden zu lächeln. Sie sprach von eindeutigen Trends, die sich auch nach der Pandemie fortsetzen würden. Ans Revers hatte sie sich das Logo der Globalen Nachhaltigkeitsziele geheftet.[29] Mir blieb fast die Luft weg. Ich schaute zu Hannes rüber und zeigte ihm das Video. Wir waren uns einig: Das als Erfolg zu feiern war nun wirklich unglaublich dreist.

Die Tatsache, dass die Große Koalition das Klimaschutzziel 2020 trotz allem politischen Unmut nun doch noch erreicht hatte, hatte nichts, aber auch gar nichts mit nachhaltiger Klimapolitik zu tun. Sobald die Pandemie vorbei sein würde, würden dieselben Politiker*innen, die jetzt so zufrieden in die

Kamera lächelten, alles daransetzen, die Wirtschaft schnellstmöglich wieder auf den Wachstumspfad zu bringen, auf dem sie vor Corona war – egal, welche Ressourcen uns das kosten, welche Verschmutzung das bedeuten oder wie viel CO_2 das erzeugen würde (und tatsächlich stieg der CO_2-Ausstoß von Deutschland im Jahr 2021 um 4,5 Prozent). Mein Bruder und ich waren stinksauer. Corona hatte außerdem deutlich gemacht, wie viel die Politik bewegen kann, wenn es darauf ankommt. Und auch, dass die Mehrheit der Bundesbürger*innen sehr wohl bereit ist, ihr Leben zu verändern, wenn es wirklich wichtig ist.

Das Schwierige am Klimawandel war und ist natürlich, dass der Zusammenhang zwischen Ursache und Wirkung hier so schwer zu sehen ist. Was wir vor Jahrzehnten an Treibhausgasen in die Luft geblasen haben, hat die durchschnittliche Temperatur der Erde bis heute um etwa ein Grad erwärmt. Dass diese Erwärmung Flutkatastrophen, Waldbrände, Stürme und Dürren verursacht und verstärkt, ist wissenschaftlich bewiesen. Dass dabei immer mehr Menschen ums Leben kommen, auch. Mehr als eine Million Menschen seien in den vergangenen fünfzig Jahren durch Naturkatastrophen gestorben, die mit dem Klimawandel in Verbindung stehen, meint zumindest die Weltwetterorganisation (WNO) der Vereinten Nationen.[30] Aber trotz verheerender Hochwasser und Sturzfluten in Nordrhein-Westfalen und Rheinland-Pfalz ist das für viele offenbar immer noch nicht so richtig greifbar. Jedenfalls motiviert es nach wie vor viel zu wenige Menschen, hier und jetzt für CO_2-Einsparungen ihr Leben zu verändern, von denen andere erst irgendwann in der Zukunft einmal etwas haben werden. Wie kriegen wir es nur hin, dem Klimaschutz dieselbe Bedeutung zu geben wie einer Pandemie? Es kann doch niemand ernsthaft glauben, dass die Folgen weniger schlimm sind?

So vergingen die Monate. Ein Jahr ging vorbei. Dann noch ein paar Monate. Ehrlich gesagt hatte ich die Verfassungsbeschwerde schon fast vergessen, als ich Ende April 2021 auf dem Trecker saß und meine Bahnen auf dem Feld abfuhr. Über mir erstreckte sich der graue Himmel. In meinen Ohren nur das Dröhnen des Motors. Wir Backsens waren gerade mitten in der Frühjahrsbestellung, als ich eine Nachricht von Lisa Göldner von Greenpeace auf mein Handy erhielt, die mich sofort aufhorchen ließ. Das Bundesverfassungsgericht hatte einen Termin für die Urteilsverkündung genannt: in drei Tagen schon! Ungläubig starrte ich auf das Display. Fast fünfzehn Monate hatten wir so gut wie nichts zu unserer Beschwerde gehört. Corona hatte das Thema nahezu vollständig aus unserem Leben verdrängt. Und auf einmal standen wir kurz vor einer Urteilsverkündung! Hatte ich damals die Hoffnung, dass das Verfassungsgericht ein Urteil fällen könnte, das tatsächlich etwas in unserem Land verändern würde? Ich glaube nicht. Und vermutlich war das auch der Grund, warum ich in aller Ruhe meine Arbeit beendete, bevor ich nach Hause zur Edenswarf fuhr und mit meinen Eltern und Geschwistern über die Neuigkeit redete. Ruhig steuerte ich den Trecker weiterhin auf seinen Bahnen auf und ab. Aber die Gedanken begannen trotzdem schon durch meinen Kopf zu jagen. Wie würde die Sache wohl ausgehen?

12

Ein überraschendes Urteil

SOPHIE Bis ich Lisas Nachricht erhielt, war der 26. April 2021 ein stinknormaler Montag. Meine Brüder und ich hatten lange nicht mehr an die Verfassungsbeschwerde gedacht. Doch nun war sie auf einmal wieder mitten in unserem Leben angekommen. Nachdem ich mit der Aussaat fertig war, fuhr ich schnell nach Hause, um mit meinem Bruder Hannes die nächsten Schritte zu besprechen. Das Gericht wollte sein Urteil nur drei Tage später, also am Donnerstag, bekannt geben. Diesmal würde es keine Verhandlung geben, die Richter*innen würden offenbar direkt über unsere Beschwerde entscheiden. Am Donnerstag früh würden wir einfach das Urteil als seitenlanges Textdokument von der Website des Bundesverfassungsgerichts herunterladen und lesen können. Ziemlich unspektakulär. Auch unsere Pressekonferenz sollte per Videoschalte ablaufen. Niemand von uns hatte mit einem so kurzfristigen Termin gerechnet. Umso aufgeregter und hektischer liefen jetzt die Vorbereitungen ab. Gleich am nächsten Tag wollten sich Roda und Lisa mit uns Beschwerdeführenden online treffen. Wir waren gespannt, was sie uns berichten würden.

Am nächsten Tag saßen Hannes und ich vor dem kleinen

Monitor meines Laptops in meinem Zimmer. Wie die meisten hatten wir uns inzwischen daran gewöhnt, andere Menschen nur noch über die Computer-Kamera zu sehen. Es war wirklich lange her, seit wir die Blohms und Lütke Schwienhorsts das letzte Mal persönlich gesprochen hatten. Die erste Klage hatte uns doch irgendwie zusammengeschweißt, auch wenn wir uns viel zu selten gesehen hatten, als dass sich so etwas wie eine echte Freundschaft hätte entwickeln können. Wir freuten uns und tauschten uns ein bisschen aus. Dann ging die Besprechung auch schon los, immerhin war die Sache ziemlich eilig.

Lisa erklärte uns, wie der Ablauf für die Pressekonferenz gedacht war: Das Bundesverfassungsgericht hatte angekündigt, eine Entscheidung für alle vier Verfassungsbeschwerden zu verkünden, die sich auf das Klimaschutzgesetz bezogen. Da war unsere Klage, dann die beiden Beschwerden der Deutschen Umwelthilfe mit den Jugendlichen aus Deutschland, Bangladesch und Nepal, sowie die etwas ältere Klage vom Bund für Umwelt und Naturschutz (BUND). Die Idee aller beteiligten Umweltschutzorganisationen war es nun, dass wir vier Klage-Teams alle gemeinsam gleich morgens um zehn Uhr eine Pressekonferenz abhalten sollten. Auf diese Weise hätten die Rechtsanwält*innen noch ein oder zwei Stunden Zeit, um sich das Urteil anzusehen und entsprechende Kommentare für die Medien vorzubereiten. Nicht besonders viel Zeit für ein Dokument von mehr als hundert Seiten ... Wir Beschwerdeführenden wollten uns hingegen jetzt schon mal kurze Statements überlegen, die wir – je nach Ausgang des Urteils – am Donnerstag aus der Tasche würden ziehen können. Auch Luisa Neubauer, der Schauspieler Hannes Jaennicke (einer der Beschwerdeführenden der älteren Klage) und ich als Betroffene sollten jeweils ein, zwei Minuten sprechen. Lisa

Göldner von Greenpeace würde die Konferenz moderieren. Also erklärte uns Roda zunächst, dass sie und die anderen Anwält*innen sich zwei verschiedene Ausgangsszenarien vorstellen konnten: entweder eine gut begründete Abweisung unserer Beschwerde – oder eine schlecht begründete. Auf jeden Fall aber eine Abweisung, denn es habe ja nicht einmal eine Verhandlung gegeben. Fragen habe das Gericht auch nicht gestellt, auch wenn es Gerüchte gab, dass sich das Gericht über die wissenschaftlichen Zusammenhänge informiert habe. Und für jeden dieser beiden Fälle legten wir uns einen Kommentar zurecht. Damit, dass wir vor Gericht gewinnen könnten, rechnete tatsächlich niemand. Ein Irrtum, der uns am Tag der Pressekonferenz noch einige Nerven kosten sollte.

Wenig später lösten wir unsere Videokonferenz auch schon wieder auf. Roda und Lisa hatten alle Hände voll mit ihren Vorbereitungen zu tun. Meine Familie und ich wiederum steckten gerade mitten in der Aussaat des Sommergetreides und hatten eigentlich überhaupt keine Zeit für andere Dinge. Dennoch hatte ich mich breitschlagen lassen, am Mittwochnachmittag für einen Fernsehbericht der ARD bereitzustehen. Die Medien hatten natürlich auch bereits mitbekommen, dass unsere Verfassungsbeschwerde endlich mit einem Urteil rechnen konnte, und ihr Interesse war groß. Gegen Mittag trudelte also das Kamerateam bei uns auf dem Hof ein, und wir legten bald los. Es war schon eine etwas skurrile Situation, dass wir Aufnahmen für den nächsten Tag machten – also für die Zeit nach dem Urteil –, obwohl keiner von uns wusste, was dann der Stand der Dinge sein würde. Wir drehten im Stall, auf dem Feld, vor unserem Bauernhaus, auf dem Trecker und mit unserem Hund Mio auf dem Deich (leider bei Ebbe, wie fast immer, wenn ein Fernsehteam da ist). Ich versuchte, möglichst allgemeine Botschaften von mir zu geben, die für jedes Urteil passten, welches das Gericht fällen würde. Als die Journalist*innen wieder abgefahren waren, fühlten Hannes und ich uns eigentlich gut für den kommenden Tag gerüstet. Wie man sich täuschen kann!

Am nächsten Morgen klingelte mein Wecker schon um sechs Uhr. Noch halb verschlafen stand ich auf und ging mit Mio seine morgendliche Runde auf dem Deich spazieren. Die Sonne war gerade erst aufgegangen, der Himmel noch leicht rosa angehaucht, und das Watt lag lang und weit vor mir. Ich sog die frische Luft tief ein und ließ mich vom kalten Wind wach pusten. In einer halben Stunde sollte ich schon das erste Interview mit Deutschlandfunk Nova haben. Dann wäre gerade noch Zeit für ein schnelles Frühstück. Und um neun Uhr wollten wir uns bereits online treffen, damit wir die Pressekonferenz um zehn Uhr noch einmal abschließend besprechen konnten. Noch ahnte ich nicht, dass mein Spaziergang so etwas wie die Ruhe vor dem Sturm war.

Ich steckte noch mitten in dem Radio-Interview, als plötzlich mein Handy losging. In der Signal-Gruppe mit Lisa, Luisa, Roda und den anderen ploppte eine Nachricht nach der anderen auf. Natürlich konnte ich nicht gleich nachsehen, was los war. Aber sobald ich das Interview beendet hatte, schnappte ich mein Handy und begann, die Nachrichten zu überfliegen. Fieberhaft versuchte ich mitzubekommen, was da nur los war. Alle waren total aufgeregt. Roda postete eine Passage nach der anderen in den Chat. Ich konnte gar nicht so schnell folgen. Auch die anderen konnten die Entscheidung anscheinend noch gar nicht so richtig begreifen. Ausgerechnet in dem Moment rief mich meine Mutter an. Sie war an diesem Morgen unterwegs, um Wiesenvögel zu beobachten, und wollte sich bei mir nach dem Ergebnis erkundigen. »Ich habe keine Ahnung!«, rief ich nur. Mittlerweile hatte ich mich selbst schon ziemlich von der Aufregung der anderen anstecken lassen. »Die spielen hier bei Signal alle verrückt. Komm am besten schnell nach Hause.« Und das tat sie auch.

Mein Bruder schlief noch immer tief und fest. Nur mühsam bekam ich ihn wach. Aber als er meine Aufregung merkte, war auch er schnell auf den Beinen. Kaum waren Mama da und Hannes angezogen, trafen wir uns mit den anderen zur verabredeten Videokonferenz. Ab da wurde es dann richtig wild. Roda war vollkommen aus dem Häuschen. In aller Eile versuchten sie und ihr Kollege, das umfangreiche Urteil zumindest zu überfliegen. Immer wieder schaltete sie sich stumm, um etwas mit ihrem Kollegen zu besprechen. Und dann wieder auf laut, um uns das Urteil auf die Schnelle möglichst einfach zu erklären. Wir Backsens hielten uns währenddessen an die Pressemitteilung, die das Bundesverfassungsgericht parallel zur Urteilsverkündung auf seiner Website veröffentlicht hatte. Immerhin auch schon acht Seiten lang. »Verfassungsbeschwerden gegen das Klimaschutzgesetz teilweise erfolgreich«, stand da fett in der Überschrift. Das klang doch nicht schlecht! Aber was genau hatte das nun zu bedeuten? Wir lasen weiter: »Mit heute veröffentlichtem Beschluss hat der Erste Senat des Bundesverfassungsgerichts entschieden, dass die Regelungen des Klimaschutzgesetzes vom 12. Dezember 2019 über die nationalen Klimaschutzziele und die bis zum Jahr 2030 zulässigen Jahresemissionsmengen insofern mit Grundrechten unvereinbar sind, als hinreichende Maßgaben für die weitere Emissionsreduktion ab dem Jahr 2031 fehlen.«

Weiter als bis zu diesem Einstieg kamen wir nicht mehr. Im Video-Meeting redeten mittlerweile alle wild durcheinander. Roda warf immer wieder neue Informationen aus dem Urteil in den virtuellen Raum. Lisa versuchte sich für die einleitende Moderation zu sortieren. Luisa und ich fragten uns, was das für unser Statement bedeutete. Sollten wir nun noch mal alles schnell umschreiben? Selbst bei unserer Klimaklage im Oktober 2019 hatten wir uns im Vorfeld eine Erklärung für den unwahrscheinlichen Fall überlegt, dass wir doch gewinnen sollten. Nun waren wir tatsächlich zu pessimistisch gewesen. Das Bundesverfassungsgericht hatte uns zumindest in Teilen recht gegeben. Ein phänomenales Ergebnis!

Das war uns aber überhaupt noch nicht so richtig klar, als wir an diesem Morgen fieberhaft versuchten, uns möglichst schnell und gut per Video zu verständigen. Klar freute ich mich in dem Moment schon. Aber ich war auch sehr aufgeregt und verunsichert. Was sollte ich bloß gleich vor den laufenden Kameras sagen? Ich wusste, dass mich nach der Pressekonferenz ein ganzer Tag voller Interviews erwartete. Und ich war ganz unruhig, weil ja gar keine Zeit blieb, das völlig überraschende Ergebnis erst einmal zu verdauen und zu überdenken, bevor ich dazu Stellung beziehen sollte. Aber da musste ich nun durch. Zum Glück würden mir Mama und Hannes helfen. Vorerst beendeten wir unseren Call, um uns noch mal jeweils allein für die Pressekonferenz zu rüsten. Wir drei feilten an meiner Stellungnahme, während die Uhr tickte. Es war schon Viertel vor zehn, als wir endlich bei einer einigermaßen annehmbaren Fassung gelandet waren. Kurz vor zehn Uhr meldeten wir uns dann in dem Video-Meeting-Raum an, in dem die Pressekonferenz stattfand. Nervös beobachtete ich, wie die Anzahl der Nutzer im Warteraum mit jeder Minute stieg. Natürlich war das Interesse an der Pressekonferenz mit diesem spektakulären Urteil nun ungleich größer, als wir gedacht hatten. Lisa war immer noch dabei, alles vorzubereiten. Und Roda wertete noch bis unmittelbar vor Beginn der Konferenz das Urteil aus. Es war wild, fieberhaft, chaotisch, aufregend. Und irgendwie auch schön.

Als es dann endlich losging, war ich heilfroh, dass mein Bruder neben mir saß – auch wenn nur ich ein Statement abgeben sollte. Er war der Einzige von uns dreien gewesen, der in all der Hektik die Ruhe bewahrt hatte, während Mama sich schon mal in die Ecke meines Zimmers gesetzt hatte, damit sie uns im Notfall unterstützen konnte. Das tat mir gut. Außerdem konnte ich ab und zu zu Mama blicken, das gab mir Kraft. Endlich war ich an der Reihe. Es war nicht viel, was ich sagte, aber es kam aus dem Herzen: »Wir sind superglücklich und erleichtert über die Entscheidung des Gerichts. Die Entscheidung ist ein Riesenerfolg für uns junge Menschen. Es ist klar geworden, dass Teile des Klimaschutzgesetzes nicht mit unseren Grundrechten vereinbar sind. Und wirksamer Klimaschutz muss eben jetzt betrieben und umgesetzt werden – und nicht erst in zehn Jahren, wenn es zu spät ist!«

Die Pressekonferenz selbst ging rasend schnell über die Bühne. An Einzelheiten kann ich mich kaum noch erinnern, dazu war ich einfach zu aufgeregt. Immerhin weiß ich noch, dass alle Rechtsanwält*innen das Urteil kurz einordneten und bewerteten. Dann war der Spuk auch schon vorbei. Nicht jedoch der Tag. Sobald die Pressekonferenz vorüber war, mussten wir ein Interview nach dem anderen geben. Es ging derart Schlag auf Schlag, dass Hannes und ich kaum zum Essen kamen. Tina Loeffelbein von Greenpeace nahm alle Anfragen entgegen und verteilte sie dann auf die Rechtsanwält*innen und uns Beschwerdeführenden. Während mein Bruder irgendwann wieder raus aufs Feld fahren musste – die Frühjahrsbestellung konnte schließlich nicht warten –, arbeitete ich den ganzen Tag ein Interview nach dem anderen ab. Auch wenn ich das Urteil noch nicht in allen Einzelheiten verstanden hatte, so war mir doch sehr wohl klar, dass ich nun die einzigartige Chance hatte, für meine gesamte Generation zu sprechen und unsere Sorgen und Zukunftsängste breit in die Medien zu bringen.

Von uns Beschwerdeführenden übernahmen Luisa und ich den Großteil der anfallenden Pressearbeit. Das lag auch daran, dass die anderen an dem Tag schlicht nicht so viel Zeit dafür hatten. Mit jedem Video-Interview und jedem Telefonat wurde ich sicherer und konnte immer besser abschätzen, was ich sagen wollte und konnte. So verging der Tag wie im Rausch. Ich wusste gar nicht mehr, wo mir der Kopf stand. Kaum hatte ich den Hörer aufgelegt, beantwortete ich die nächste E-Mail oder ging in den nächsten Video-Call. Irgendwann war ich wie in einer Art Flow.

Am Abend gab es noch eine Live-Schaltung für den NDR, und dann hatte ich es endlich geschafft! Der Tag war überstanden, die Medienauftritte waren gemeistert. Ich war vollkommen erschöpft, aber glücklich. Weil das Urteil für uns alle so überraschend gekommen war und sich die Ereignisse nach der Pressekonferenz so überschlagen hatten, hatten wir als Klage-Team noch nicht einmal Gelegenheit gehabt, wenigstens virtuell auf unseren Erfolg anzustoßen. Also hatte Lisa von Greenpeace für abends noch ein weiteres Video-Meeting angesetzt. Meine Mutter und ich machten es uns nun vor dem Monitor gemütlich. Ich spürte, wie all die Anspannung und Aufregung des Tages von mir abfielen. Vor mir auf dem Bildschirm sah ich Menschen, die ich zum Teil gar nicht so gut kannte. Und doch hatte uns dieser Tag irgendwie zusammengeschweißt. Alle vollkommen platt und zugleich überglücklich, wir konnten nicht aufhören zu grinsen und uns zuzuprosten. Wir unterhielten uns noch ein Weilchen, gingen den Tag mit all seinen Überraschungen und Aufregungen noch einmal gemeinsam durch und versuchten so wenigstens ein bisschen zu verarbeiten, was da passiert war.

Irgendwann abends schaffte ich es, mir das erste Mal die *Tagesschau* anzusehen, bei der die Verfassungsbeschwerde ein riesiges Thema war und sogar als erste Meldung drankam. Der Beitrag zeigte die Aufnahmen, die wir am Vortag auf unserem Hof gemacht hatten. Mir kam es in dem Moment so vor, als ob es Monate her gewesen wäre. Irgendwie schien sich an diesem Tag alles zu verschieben. Realität und Medienwirklichkeit gingen ineinander über. In dem Zoom-Call hatte Roda die ganze Zeit versucht uns die ganze Tragweite dieses Urteils zu vermitteln. Aber so richtig erreichte mich die Realität erst jetzt, wo ich das Ganze in den Medien abgebildet sah. Erst jetzt, als ich mich selbst im Fernsehen reden und die Anwälte das Urteil des Bundesverfassungsgerichts einordnen hörte, begann ich eigentlich zu begreifen, wie bahnbrechend die ganze Sache tatsächlich war. Zum Beispiel, als Roda in einer Video-Aufnahme von Greenpeace erklärte:

»Das ist aus meiner Sicht das ausführlichste und umfangreichste Urteil zum Bereich Umweltschutz und Menschenrechte überhaupt jemals. Es ist auch das weitgehendste internationale Urteil in diesem Bereich. Es sagt nicht weniger als: die Klimakrise ist real. Der Gesetzgeber muss auf sie reagieren. Und zwar angemessen und nicht in irgendeiner Form politisch bestimmt. Die Wissenschaft muss angehört werden. Und vor allem müssen die künftigen Generationen bei allem viel stärker Berücksichtigung finden.«[31]

Deshalb hatte das Gericht das Klimaschutzgesetz der Großen Koalition für teilweise verfassungswidrig erklärt. Der Gesetzgeber darf nicht einfach abwarten und die CO_2-Reduktion auf irgendwann nach 2030 verschieben. Laut Bundesverfassungsgericht muss er einen klaren Pfad festlegen, wie Deutschland seine Emissionen auf null reduzieren wird, und Reduktionsziele vorgeben, die sich auf die aktuellen wissenschaftlichen Erkenntnisse stützen. Zwar hatte das Gericht der Politik nicht vorgeschrieben, mit welchen Maßnahmen sie den Klimaschutz sicherstellen solle. Das kann es auch gar nicht, denn das ist der Gestaltungsspielraum des Gesetzgebers. Aber man kann daraus beispielsweise ableiten, dass ein Ausstieg aus der Kohlekraft erst im Jahr 2038 zu spät wäre. Denn dadurch müssten entweder künftige Generationen ungleich viel mehr CO_2 einsparen – oder andere Sektoren müssten ihre CO_2-Emissionen entsprechend stärker reduzieren.

Außerdem lernte ich, dass das Urteil auch eine jahrzehntealte Debatte beendete, nämlich die, ob der Artikel 20a des Grundgesetzes auch den Klimaschutz beinhaltet. Dieser Artikel besagt schon lange, dass der Gesetzgeber die natürlichen Lebensgrundlagen schützen muss. Experten hatten sich ausführlich darüber gestritten, ob das auch das globale Klima umfasste. Mit dem Urteil des Bundesverfassungsgerichtes war nun klar: Ja, in Artikel 20a des Grundgesetzes steckt eine radikale Klimaschutzverpflichtung der Politik mit drin. Wie verrückt, dass Mama es unbewusst auf ihrem Plakat vorausgeahnt hatte. »Wir haben hier also einen Paukenschlag und eine Erschütterung der bisherigen Klimaschutzpolitik«, betonte Roda Verheyen. »Der Gesetzgeber muss sich auf den Hosenboden setzen, und zwar ganz schnell.«[32] Denn das Gericht hatte der Politik nur bis Ende 2022 Zeit gegeben, um das Gesetz nachzubessern. Und das bedeutet vor allem, dass sie die Reduktionsziele in dem Gesetz für die nächsten zehn, zwanzig und dreißig Jahre auf einem in sich schlüssigen Reduktionspfad vorgeben muss. Nur so kann Deutschland laut Gericht seine Grundrechtsschutzpflichten erfüllen und verhindern, dass die Freiheitsrechte der künftigen Generationen eingeschränkt sind.

Dieses Urteil gilt für unbegrenzte Zeit. Es hat ganz grundsätzliche Leitplanken für die Politik gesetzt, egal welche Partei oder Koalition nun an der Regierung ist. »Ich habe seit Jahrzehnten vertreten, dass das Grundgesetz effektiven Klimaschutz vorgibt, dass Klimaschutz also ein Grundrecht ist, und das hat das Bundesverfassungsgericht heute bestätigt«, meinte Roda dazu.[33]

Mein Herz klopfte, weil mir erst jetzt so richtig bewusst wurde, dass unsere Verfassungsbeschwerde weltweite Auswirkungen haben könnte. Schließlich klagen Menschen in vielen Ländern ja schon seit Jahren auf mehr Klimaschutz. Und ein Urteil wie unseres würde noch mehr Menschen Mut machen, diesen Weg zu gehen. Ich konnte mich noch gut erinnern, wie mich selbst das Urteil von Urgenda in den Niederlanden, gut anderthalb Jahre zuvor, ermutigt hatte weiterzumachen. Und nun hatte auch ich einen kleinen Beitrag dazu leisten können, dass das nächste wegweisende Urteil die Klimaschutzpolitik veränderte, für immer. Wir saßen auf dem Sofa, schauten auf den Fernseher und langsam, ganz langsam sickerte die Erkenntnis ein, dass wir da gerade wohl an einer historischen Entscheidung beteiligt waren.

13
Realitätsschock

SOPHIE In den Monaten nach dem Urteil kam Fahrt in
Deutschlands Klimapolitik. Mit neu erwachtem Interesse verfolgte ich die Ereignisse und Entwicklungen. Ich wollte nun
natürlich wissen, welche Folgen das Urteil tatsächlich und
ganz konkret hatte. Würde es die Politiker*innen tatsächlich
endlich wachrütteln? Würde ihnen nun endlich, nach Jahrzehnten, bewusst werden, dass Worte nicht reichten. Dass es
allerhöchste Zeit für Taten war? Es schien fast so. Endlich gab
es eine reelle Chance, dass sich die Klimaschutzpolitik änderte. Dafür musste das Thema aber auch im anstehenden Wahlkampf eine wichtige Rolle spielen. Und ich war bereit, meinen
Beitrag dazu zu leisten, indem ich alle Interviewanfragen an-
nahm, die mich erreichten.

Noch am Tag der Urteilsverkündung fingen die Politiker*innen damit an, sich gegenseitig mit Lob für den Urteilsspruch
zu überbieten. Die Schuld an dem bislang mangelhaften
Klimaschutzgesetz schoben sie dabei einfach den anderen
Parteien zu. So meinte die Bundesumweltministerin Svenja
Schulze in der *Tagesschau* zum Beispiel, sie sei »schon immer«
für konkrete Ziele im Klimaschutzgesetz auch nach 2030 gewesen. Mit der Union, dem Koalitionspartner, sei ein Klima-

ziel für 2040 aber nun mal nicht möglich gewesen, weil die das für »Planwirtschaft« gehalten habe. Und ihr Parteikollege Olaf Scholz, damals noch Finanzminister, twitterte an den Wirtschaftsminister: »Lieber Kollege @peteraltmaier, nach meiner Erinnerung haben Sie und die CDU/CSU genau das verhindert, was nun vom Bundesverfassungsgericht angemahnt wurde. Aber das können wir rasch korrigieren. Sind Sie dabei?«[34]

Altmaier konterte: »Diesen Vorschlag habe ich schon mit meiner Klima-Initiative im letzten September gemacht, leider haben Sie und Ihre Partei das damals nicht aufgegriffen. Fühle mich durch das BVerfG jetzt bestätigt. Das müssen wir umsetzen.«[35]

Alle Parteien (bis auf die AfD, die den menschengemachten Klimawandel nach wie vor leugnet) forderten auf einmal unisono mehr Klimaschutz. Jeder wollte in den vergangenen Jahren an vorderster Front dafür gekämpft haben. Selbst aus der Wirtschaft kam positives Feedback. Der Bundesverband der deutschen Industrie (BDI) fand, die Entscheidung fordere »richtigerweise ein, dass die Politik langfristige CO_2-Ziele parlamentarisch festlegen und intensiv beraten« müsse. Und der Verband kommunaler Unternehmen sagte, nun erhöhe sich der Druck, »für den Klimaschutz langfristig klare und verlässlichere Rahmenbedingungen zu schaffen«.[36]

Als Klimaklägerin konnte ich mir nur verwundert die Augen reiben. Wenn alle dafür waren – warum war dann jahrzehntelang der Klimaschutz verschleppt und verwässert worden? Warum hatten unzählige Demonstrationen mit Millionen von Menschen sie nicht dazu gebracht, früher aktiv zu werden und die Treibhausgasemissionen stärker zu bremsen? Warum waren wir gezwungen gewesen, eine Klimaklage bzw. Verfassungsbeschwerde als letztes Mittel zu nutzen, um unsere

Regierung zu stärkeren Maßnahmen zu zwingen? Als »grenzenlos scheinheilig« empfand Luisa Neubauer deshalb auch die Reaktionen aus Politik und Wirtschaft.[37] Auch ich hatte meine Zweifel, ob diesen vollmundigen Versprechungen endlich Taten folgen würden. Falls sich der Gesetzgeber auch diesmal wieder mit reiner Symbolpolitik begnügte, würde die junge Generation trotzdem auf jeden Fall nicht lockerlassen. Entsprechend gespannt verfolgte ich, wie es weiterging.

Svenja Schulze hatte angekündigt, dass sie bis spätestens zum Sommer 2021 einen neuen Entwurf für das Klimaschutzgesetz vorlegen wolle. Bereits am 5. Mai präsentierte sie zusammen mit dem Vizekanzler Olaf Scholz ein Papier mit Eckpunkten für ein neues Klimaschutzpaket. Das ging so schnell, dass es uns Backsens so vorkam, als hätte der Plan schon längst in irgendeiner Schublade gelegen. Warum hatte er dann nicht schon viel früher zur Debatte gestanden? Aber immerhin las sich das Ganze zunächst nicht schlecht: Deutschland, hieß es in dem Papier, sollte bereits bis 2045 klimaneutral sein – und nicht wie bisher erst 2050. Das bedeutete, dass wir schon fünf Jahre früher nur noch so viel Treibhausgase ausstoßen würden, wie wir auch wieder binden konnten. Bis 2030 wollte die SPD die Emissionen nun um 65 Prozent im Vergleich zum Niveau von 1990 senken anstatt wie zuvor nur um 55 Prozent. Als weiteres Zwischenziel und um den Reduktionspfad – wie vom Verfassungsgericht verlangt – aufzuzeigen, schlugen sie ein CO_2-Reduktionsziel von 88 Prozent bis zum Jahr 2040 vor. Offen war zwar noch, wie die verschiedenen Sektoren wie Verkehr, Energie oder Gebäude diese Ziele erreichen sollten.[38] Aber immerhin, das waren eindeutig strengere Vorgaben. Und die Union zog mit. Nur wenige Tage später stimmte das Bundeskabinett den verschärften Klimaschutzzielen zu. Außerdem einigte es sich darauf, dass die Energiewirtschaft und die

Industrie den größten Anteil der zusätzlichen Minderung bis 2030 übernehmen müssten.[39]

Ich sah mir die Sache genauer an und informierte mich im Internet. Bald fand ich heraus, dass die Berechnungen des Sachverständigenrats für Umweltfragen (SRU) zeigten: Auch mit diesem neuen, verschärften Klimaschutzgesetz würden wir die Ziele des Pariser Klimaschutzabkommens nicht einhalten![40] Der SRU oder auch Umweltrat ist ein wissenschaftliches Beratungsgremium der deutschen Bundesregierung und sollte daher über jeden ideologischen Zweifel erhaben sein. Er hat ausgerechnet, wie viel Treibhausgase Deutschland noch erzeugen darf, wenn wir unseren Teil dazu beitragen wollen, dass sich die Erdatmosphäre insgesamt im Schnitt auf maximal 1,75 Grad Celsius erhöht. Das Ergebnis: Es sind 6,7 Milliarden Tonnen Kohlenstoffdioxid. Das ist übrigens auch die Zahl, auf die sich das Bundesverfassungsgericht bei seiner Entscheidung gestützt hatte, das bisherige Klimaschutzgesetz in Teilen für verfassungswidrig zu erklären. Und dieser Umweltrat kam nun also im Frühsommer 2021 zu dem Schluss, dass auch das neue Klimaschutzgesetz unzureichend wäre. Bei diesen Klimazielen würden wir bis 2040 etwa 32 Prozent mehr CO_2 produzieren, als wir eigentlich ausstoßen dürften. Bis 2050 wären es sogar 65 Prozent mehr. Mit anderen Worten: Wir würden das 1,75-Grad-Ziel verfehlen und somit massiv Gefahr laufen, die bereits erwähnten Kipppunkte zu erreichen. Und damit eine unumkehrbare ökologische Katastrophe in Gang setzen.

Doch damit nicht genug. Rund 91 Prozent des Deutschland noch zustehenden CO_2-Restbudgets würden wir bereits in der Zeit zwischen 2020 und 2030 aufbrauchen. Nur 9 Prozent des Budgets wären dann noch für den Zeitraum zwischen 2030 und 2040 übrig! Immer noch eine extreme Ungleichverteilung und damit eine massive Generationenungerechtigkeit, wie ich finde. Da jedoch nahezu alle unsere Lebensbereiche mit Treibhausgasemissionen in Verbindung stehen, wären ab 2040 so massive Einschnitte nötig, dass meine Generation erheblich mehr belastet würde. Genau das aber hatte ja das Bundesverfassungsgericht als rechtswidrig verurteilt! Für mich stand damit fest: Selbst nach dieser schallenden Ohrfeige durch das Bundesverfassungsgericht präsentierte die Bundesregierung eine »Nachbesserung«, die nicht die notwendigen Kriterien erfüllte. Immer noch waren wir es, die Jüngeren, die ausbaden sollten, was die Generationen vor uns verschleppt haben. Dabei wäre nach Jahren des Nichtstuns ein Riesensatz nach vorne bitter nötig – und möglich. Ich stieß auf eine Studie, die Greenpeace beim Fraunhofer-Institut für Energiewirtschaft und Energiesystemtechnik in Auftrag gegeben hatte. Sie kam zu dem Ergebnis, dass wir das Pariser Klimaabkommen und eine Begrenzung der Erderhitzung auf deutlich unter 2 Grad (möglichst auf 1,5 Grad) durchaus einhalten und gleichzeitig für mehr Generationengerechtigkeit sorgen könnten. Voraussetzungen dafür wären aber ein starker Ausbau der erneuerbaren Energien sowie ein Ausstieg aus der Kohleenergie bis 2030. Ab 2025 dürften keine Pkw mit Verbrennungsmotoren mehr zugelassen werden. Außerdem müssten wir die Massentierhaltung und die emissionsintensive Landwirtschaft ebenso stoppen wie bis 2025 alle klimaschädlichen Subventionen. Ein Szenario, das durchaus machbar wäre, wie Greenpeace meint.[41]

Ich war enttäuscht. Und frustriert. Aber ich machte weiter. Meine Hoffnungen richteten sich im Sommer 2021 voll auf eine Regierungsbeteiligung von Bündnis 90 / Die Grünen nach der Bundestagswahl im Herbst. Neben meinem Studium und der Arbeit auf dem Hof investierte ich deshalb viel Zeit und Energie in Interviews und Medienarbeit – also das, was unter den zu der Zeit herrschenden Corona-Bedingungen hoffentlich die meiste Wirkung entfalten würde. Ich setzte alles daran, die Menschen um mich herum wachzurütteln und ihnen deutlich zu machen, wie dringlich der Klimaschutz ist. Zum Glück zeigte sich, dass das Corona-Thema den Klimaschutz zwar seit etlichen Monaten aus den Schlagzeilen der Medien verbannt hatte, aber nicht aus den Köpfen der Bürger*innen in Deutschland. Eine Umfrage des Meinungsforschungsinstituts INSA für die *Bild* (die ja nicht unbedingt unter dem Verdacht steht, ideologische Pro-Klimaschutz-Scheuklappen aufzuhaben), ergab nur wenige Tage nach dem Urteil des Bundesverfassungsgerichts, dass etwa 57 Prozent der Deutschen das Thema Klimaschutz bei ihrer Wahlentscheidung im Herbst berücksichtigen wollten. Etwa 43 Prozent wären laut Umfrage bereit, für den Klimaschutz aufs Fliegen zu verzichten. 27 Prozent würden dafür weniger Fleisch essen und 23 Prozent komplett aufs Autofahren verzichten.[42] Das waren Zahlen, die zumindest mich sehr positiv überraschten und mir Mut machten. Der Rückhalt für auch unbequeme Klimaschutzmaßnahmen schien in Deutschland also gar nicht so gering zu sein, wie es angesichts der zaghaften Politik den Anschein hatte.

Dann kam die Nacht zum 15. Juli. Unvorstellbare Wassermassen überfluteten Dörfer und Städte in Nordrhein-Westfalen und Rheinland-Pfalz. Über 180 Menschen starben. Hunderte von Existenzen wurden zerstört. Es entstand ein Sachschaden in einer Rekordhöhe von gut 29 Milliarden Euro. Eine Naturkatastrophe, wie wir sie bislang vielleicht ein Mal in einem Jahrhundert erleben mussten. Ein Extremwetterereignis, mit dem wir künftig wohl aber wesentlich öfter zu rechnen haben. Wir Backsens verfolgten die Ereignisse über die Medien. Bei uns ging das Leben wie gewohnt weiter. Doch auch wir hatten in den Jahren 2018/2019 ja bereits erlebt, welche Folgen die Klimakrise hat. Auch wir hatten durch den Starkregen und die folgende Trockenheit finanzielle Verluste wegstecken müssen, auch wenn es uns längst nicht so hart getroffen hatte wie diese Menschen in den Flutgebieten.

Mich machte es traurig und auch wütend, dass es erst so weit kommen musste, damit sich irgendetwas änderte. Ja, eigentlich war selbst jetzt noch nicht wirklich Verlass darauf, dass sich etwas änderte. Denn wieder einmal beteuerten die Politiker*innen, sie hätten nichts falsch gemacht. Wieder wurde mehr Klimaschutz gefordert. Wieder gab es Versprechungen. Es verwunderte mich natürlich nicht, dass SPD und Union das Thema »Klimaschutz« nicht mehr allein den Grünen überlassen wollten. Doch angesichts dessen, was ich nun all die Jahre erfahren und erlebt hatte, klang vieles von dem, was die Politiker*innen in die Kameras sagten, nur noch nach Phrasen. Für mich und viele Menschen in meinem Alter war dieses ewige Parteiengeplänkel einfach nur extrem ermüdend und nervtötend. Die Große Koalition hatte jahrelang Zeit gehabt, um eine angemessene Klimaschutzpolitik umzusetzen. Doch sie hatte Jahr um Jahr tatenlos verstreichen lassen. Sie hatte die Chance für einen langsamen Übergang von fossiler zu regenerativer Energie verpasst. Nun musste alles schnell und im Hauruckverfahren gehen. Und weil ihr dazu der Mumm fehlte, setzte sie die Gesundheit und Freiheit von uns jungen Menschen wissentlich aufs Spiel. Umso mehr richteten sich meine Hoffnungen auf die Bundestagswahl. Zwar hatte auch Annalena Baerbock, die Spitzenkandidatin von Bündnis 90 / Die Grünen, nicht gerade den geschicktesten Wahlkampf hingelegt. Aber ich hoffte dennoch auf ein starkes Ergebnis bei der Bundestagswahl. Nachdem das Bundesverfassungsgericht die

Bedeutung von Klimaschutz unterstrichen hatte. Nach dieser schrecklichen Flutkatastrophe, bei denen Tausende von Menschen ihr Hab und Gut und fast 200 sogar ihr Leben verloren hatten.

Am Wahlabend war ich mit Mama und Paul in einem Restaurant, wo wir zusammen mit ein paar Pellwormer Freund*innen auf einem großen Fernseher die ersten Hochrechnungen verfolgten. Zwischen der SPD und der Union gab es zwar noch ein Kopf-an-Kopf-Rennen. Doch die Verteilung der restlichen Stimmen auf die anderen Parteien war relativ schnell ziemlich klar. Meine erste Enttäuschung war, dass die Grünen zwar die drittstärkste Partei geworden waren. Im Vergleich zu der Rolle, die die Klimakrise im Wahlkampf gespielt hatte, hatten sie allerdings erstaunlich wenig Stimmen bekommen. Wieso sagten so viele Menschen in Umfragen, dass die Erderwärmung für sie so ein wichtiges Thema ist – wählten dann aber Parteien, die sich wenig bis gar nicht um einen Klimaschutz bemühen? Lag es etwa nur an der Spitzenkandidatin? Die zweite Enttäuschung kam, als sich abzeichnete, dass über 20 Prozent aller Erstwähler*innen für die FDP gestimmt hatten – ausgerechnet eine der Parteien, die in meinen Augen den Klimaschutz vernachlässigten. Und genau diese Partei hatte mit dem Begriff »Freiheit« Wahlkampf gemacht, obwohl eben unsere zukünftige Freiheit durch nicht wirksamen Klimaschutz extrem eingeschränkt sein wird. Zwar hatten die Grünen mit 23 Prozent noch mehr 18- bis 24-Jährige für sich gewinnen können. Aber der Vorsprung war hauchdünn und für mich wie ein Schlag ins Gesicht.

Wie ich am nächsten Tag in einem Artikel las, nannte ein Politikwissenschaftler vier Gründe dafür, warum junge Menschen FDP gewählt hatten: die Freiheitsrechte, die Digitalisierung, die Bildungsgerechtigkeit und die Präsenz in sozialen

Medien.[43] Andere vermuteten, es hatte damit zu tun, dass die FDP neben der AfD als einzige Partei auf die Freiheitsrechte während der Corona-Pandemie gepocht hatte. Wie dem auch sei. Ein Fünftel meiner Generation hatte ein Parteiprogramm gewählt, das die Klimaneutralität erst bis 2050 anstrebt und am Tempolimit ebenso festhält wie am Verbrennungsmotor. Hatten Tausende junge Menschen mit ihren Streiks und Protesten wirklich nur so wenig Bewusstsein in meiner Generation geweckt? Natürlich hatte ich auch schon im Vorfeld der Wahlen die Prognosen gesehen. Ich hätte darauf vorbereitet sein können, wie schwach die Grünen abschneiden würden – und wie relativ stark die FDP. Aber als es so weit war, waren bei mir alle Energie und Motivation völlig am Boden. In einer Ampel- und erst recht in einer Jamaika-Koalition würden die Grünen große Zugeständnisse machen müssen. So viel war klar.

Ich war und bin davon überzeugt, dass die vier Jahre dieser Legislaturperiode im wahrsten Sinne des Wortes entscheidend sind. Entweder schaffen wir es in dieser Zeit, die Weichen beim Thema Klima noch richtig zu stellen. Oder wir – und damit meine ich uns, die junge Generation und alle, die nach uns kommen – können am Ende nur noch zusehen, wie unsere Lebensbedingungen immer schlechter werden. Natürlich ist mir bewusst, dass man in der Politik stets Kompromisse eingehen muss. Vor allem, wenn da drei Parteien zusammen regieren wollen, die sehr unterschiedliche Vorstellungen haben. Doch mit Naturgesetzen kann man nun mal einfach keine Kompromisse machen. So wenig sich mit dem Corona-Virus verhandeln lässt, wie viel Pandemie wir uns »leisten« können, so wenig geht das mit der Erdüberhitzung. Hier sind naturwissenschaftliche Gesetzmäßigkeiten am Werk. Die Wissenschaft liefert dazu seit Jahren klare Prognosen. Und sie beschreibt, was wir tun müssten. Doch sollten wir das Ruder nicht in den nächsten Jahren herumreißen, vergeben wir die Chance, die Klimakrise auf sozial und ökologisch erträgliche Weise in den Griff zu bekommen. Dann nämlich erreichen wir die berühmt-berüchtigten Kipppunkte. Und ab dem Moment gibt es kein Zurück mehr. Aus einem einmalig lebensfreundlichen Planeten werden wir Menschen dann innerhalb von nicht einmal hundert Jahren einen unwirtlichen Ort gemacht haben.

Doch noch war nicht alles vergebens gewesen. Immerhin konnte keine Partei mehr das Thema »Klimaschutz« von der politischen Agenda streichen. Es war klar, dass es das eine, wenn nicht sogar *das* große Kernthema bei den Koalitionsverhandlungen sein würde. Und es war auch klar, dass die Bürger*innen unseres Landes endlich Ergebnisse sehen wollten.

Ich selbst beschloss ab diesem Abend, mich von jetzt an mit Medienauftritten und Interviews zurückzuhalten. Mein Studium und meine persönliche Lebensplanung sollten wieder mehr im Mittelpunkt stehen. Das bedeutete nicht, dass mir Klimaschutz nun egal war, im Gegenteil. Ich wollte nur vor allem dort wieder etwas tun, wo ich wirklich und ganz konkret etwas bewegen konnte: bei uns auf dem Feld und im Stall, bei mir zu Hause, in meinem Freundes- und Bekanntenkreis und in meinem eigenen Konsumverhalten. Kein Grund also, aufzugeben. Im Gegenteil.

14

Nichtstun ist keine Option

SOPHIE Es ist Ende November 2021. Draußen ist es grau und regnerisch. So richtig hell will es heute anscheinend nicht werden. Ich bin auf Pellworm und habe mir mein Rennrad geschnappt. Ich trete in die Pedale und sause den Junkersmitteldeich Richtung Südwesten runter, am Leuchtturm vorbei und dann den Südermitteldeich entlang. Links von mir erstreckt sich grün der Deich. Dahinter versteckt sich das Watt. Feiner Nieselregen durchnässt mich schon nach wenigen Metern. Aber mir ist das egal. Ich brauche Luft, Bewegung. Ich muss mich verausgaben und irgendwie diese ganze angestaute Energie, die Wut und den Frust loswerden. Gestern hat die Ampelkoalition ihren Koalitionsvertrag vorgestellt. Darin steht, dass Bündnis 90 / Die Grünen zugestimmt haben, das Klimaschutzgesetz so beizubehalten, wie es noch die Große Koalition im Sommer verabschiedet hatte. Und das, obwohl ihnen klar sein musste, dass wir so das 1,5-Grad-Ziel des Pariser Klimaschutzabkommens reißen werden. Das hat die Berliner Hochschule für Technik und Wirtschaft (HTW) in einer Studie durch Modellrechnungen erneut gezeigt. Um im Rahmen eines Paris-kompatiblen CO_2-Restbudgets zu bleiben, müsste Deutschland, seinen wissenschaftlichen Berechnungen zufolge, bereits zwischen 2030 und 2035 CO_2-Neutralität erreichen. »Die Maßnahmen des Koalitionsvertrags lassen eine Kohlendioxidneutralität bis 2045 möglich erscheinen, nicht aber das Einhalten des Pariser Klimaschutzabkommens«, meint dazu der Studienleiter und Professor für Regenerative Energiesysteme Volker Quaschning.[44] Zum Kohleausstieg gibt es im Koalitionsvertrag nur vage Formulierungen ebenso wie bei den Zielen für den Ausbau von erneuerbaren Energien. Das Tempolimit haben die Grünen der FDP geopfert. Und wie die klimaschädlichen Subventionen konkret zurückgefahren werden sollen, ist auch nicht ganz klar formuliert. Alles in allem: eine weitere bittere Enttäuschung.

Ich erhöhe mein Tempo, trete mit aller Kraft in die Pedale, komme ins Keuchen und spüre den Fahrtwind an meinen Haaren und meiner Jacke zerren. Das tut so gut. Um mich herum höre ich die Vögel rufen und den Wind tosen. Ich rieche den salzig-modrigen Geruch des Wattenmeers. Das hier ist nicht diese enge, zugebaute und einbetonierte Welt, die wir »Stadt« nennen. Dort, wo jede Straße und jeder Platz, jeder Raum und jeder Ort einzig und allein auf uns Menschen zugeschnitten sind. Wo wir den Kühlschrank aufmachen und nicht sehen, was da vor uns liegt: die Ernte, ein Stück Natur. Wir sehen nur Milch, Butter oder Käse steril verpackt in Plastik. Haben keine Ahnung, woher das kommt und wie es zustande kam. Ich kann mir schon vorstellen, dass Menschen, die so leben, die Verbindung zur Natur, zu den Elementen, zum echten Leben verlieren. Vielleicht können sie einfach nicht mehr erkennen, dass das Ökosystem Erde nicht etwas ist, das wir von außen betrachten, aufbrauchen und wegwerfen können. Und dass wir alle kleine Teilchen in diesem komplexen Geflecht sind. Unser Leben hängt davon ab, dass die globalen Kreisläufe funktionieren. Und nicht nur unseres, sondern das Leben aller Lebewesen – überall. Auf dem gesamten Planeten. Es gibt keinen Verhandlungsspielraum. Naturgesetze richten sich nun mal nicht nach parteipolitischen Interessen.

Hier auf der Insel, auf meinem Fahrrad bin ich mittendrin. Nichts lenkt mich ab. Ich lebe mit und auch von der Natur. Wer jeden Tag sieht, wie die Sonne das Getreide wachsen lässt und wie der Mond Ebbe und Flut erzeugt, der entwickelt eine andere Demut. Der weiß, dass wir Menschen keinerlei Kontrolle über diesen unvorstellbar faszinierenden Kosmos haben. Und dass es nicht an uns liegt zu entscheiden, ob wir uns Klimaschutz leisten können oder nicht. Wir können allerdings sehr wohl entscheiden, was wir tun und ob wir unserer Verantwortung nachkommen, diesen einmalig schönen blauen Planeten zu beschützen.

Mein Eindruck ist, dass die Mehrheit der Politiker*innen das tatsächlich noch nicht so richtig verstanden hat. Nicht verstehen kann oder verstehen will. Noch scheint hierzulande die Vorstellung verbreitet zu sein, dass Symbolpolitik reicht und Kompromisse möglich sind, die niemandem wehtun. Hauptsache, man selbst steht nicht unpopulär da. Bloß nicht die Wähler*innen und Unterstützer*innen, die Medien, Lobbyist*innen oder wen auch immer enttäuschen! Eine solche Politik ging vielleicht die letzten vierzig Jahre noch, denn die Klimakrise ist ein fatal schleichender Prozess. Doch nun, so warnen Wissenschaftler*innen, haben wir nur noch dieses eine Jahrzehnt. Ein kleines Zeitfenster, das sich in einer so schnelllebigen Welt wie der, in der wir leben, im Nu wieder schließen wird. Wenn die Politik in dieser verbleibenden Zeit die Weichen nicht mit aller Entschiedenheit in eine andere Richtung stellt, wird es danach zu spät sein. Und doch blockiert sie immer noch.

Vielleicht liegt es daran, dass in unseren Parlamenten viele ältere Menschen sitzen. Menschen, die jahrzehntelang erlebt haben, dass ökologische Katastrophen doch immer irgendwie vorbeigehen oder sich als nicht so schlimm herausstellen. Dass der saure Regen die Wälder nicht zerstört hat und das FCKW nicht die Ozonschicht. Vom Atommüll über die Pestizide bis hin zu Öllecks hat uns die Natur unzählige Milliarden Tonnen von Umweltgiften verziehen. Freilich mit teils verheerenden, aber für die meisten unsichtbaren Folgen. Doch diesmal ist es anders. Diesmal gibt es Kipppunkte. Wir erleben jetzt bereits ein Artensterben von gigantischen Ausmaßen. Und wenn wir die Kipppunkte erreichen – und danach sieht derzeit leider alles aus –, wird die Situation noch mal wesentlich dramatischer werden und eine massive Verschlechterung des Lebens auf diesem Planeten nicht mehr aufzuhalten sein.

Deshalb muss Politik die jungen Menschen stärker einbeziehen. Es kann nicht sein, dass das Durchschnittsalter noch im letzten Bundestag bei fast 50 Jahren liegt. Nur 1,9 Prozent der Politiker*innen im Deutschen Bundestag waren jünger als 30 Jahre, 19,5 Prozent höchstens 40 Jahre. Und auch in den Parteien sieht es nicht anders aus. Im Jahr 2019 lag das Durchschnittsalter der Mitglieder in der CDU bei 61 Jahren, in der SPD waren es 60 Jahre, bei den Linken 55 Jahre, in der FDP 51 Jahre und bei Bündnis 90 / Die Grünen immerhin 48 Jahre. Auch wenn sich diese Zahlen im aktuellen Bundestag leicht verbessert haben, es bleibt dabei: Die Parteien müssen dringend etwas tun, um mehr jungen Menschen eine Chance in der Politik zu geben. Die Welt, in der wir leben, ist schließlich für alle da. Nicht nur für diejenigen, die lange Zeit dachten, es ginge sie nichts an, in was für einem Zustand sie den Planeten an die Zukunft übergeben. An ihre eigenen Kinder. Also an uns. An ihre Enkelkinder. An unsere Kinder und deren Nachkommen. In was für einer Welt werden wir jungen Menschen in zehn, zwanzig oder gar fünfzig Jahren leben, wenn die Generation, die unsere Zukunft heute in der Hand hält, ihrer Verantwortung nicht gerecht wird? Wenn sie weiterhin nur an sich und ihre eigenen Vorteile denkt? Eine funktionierende Wirtschaft, Wohlstand und technologische Bequemlichkeiten sind am Ende nichts wert, wenn ansonsten Leben unmöglich wird.

Ich biege von der Westermühle nach rechts in den Schardeich ein. Der Wind schlägt mir jetzt noch heftiger entgegen. Ich kämpfe dagegen an und merke, wie meine Beine langsam müde werden. Auch der Kampf der letzten drei Jahre für die Klimaklagen hat Spuren hinterlassen, ja mich regelrecht zermürbt. Ich bin erschöpft und frustriert. Und das ist nicht gut für einen jungen Menschen. Das ist für keinen Menschen gut. Denn wir brauchen jedes Quäntchen Kraft und Hoffnung für das, was da noch auf uns zukommt. Vor allem aber sind wir auf gegenseitige Unterstützung und Zusammenarbeit angewiesen, über alle Grenzen hinweg. Ja, wir jungen Menschen haben mit der Fridays-for-Future-Bewegung und der Klimabeschwerde vor dem Bundesverfassungsgericht viel bewegt. Aber es reicht noch lange nicht.

Ich beobachte, wie die Wolken über den grauen Himmel jagen, und muss mir selbst eingestehen, dass ich zu diesem Kampf nicht länger bereit bin. Das bedeutet nicht, dass ich aufgebe. Nur sehe ich meine Zukunft weder auf Demos noch in Parteien. Nicht alle jungen Menschen müssen in die Politik, um unser Land mitzugestalten. Wir können auch sonst in unserem Leben viel für den Klimaschutz tun. Wir können zum Beispiel bewusst konsumieren und uns kritisch hinterfragen, was von all dem Hyperkonsum um uns herum wir wirklich brauchen. Nicht umsonst lautet mein Wahlspruch: »Es braucht nicht einen Menschen, der hundertprozentig perfekt lebt. Wir brauchen Hunderte von Menschen, die dort, wo sie sind, etwas tun.«

Das gilt für mich wie für jeden von uns. Mir ist bewusst, dass auch ich nicht Frau Mustermann bin, wenn es um den Klimaschutz geht. Ich fahre mit dem Auto, fliege mit dem Flugzeug und esse Fleisch. Aber darum geht es nicht. Es geht darum, dass wir den Mut haben, uns mit dem Ernst der Lage zu konfrontieren, in der wir momentan stecken. Und dann bereit sind, die entsprechenden Konsequenzen zu ziehen. Das kann durchaus bedeuten, dass wir in Zukunft weniger konsumieren. Manche reden da von einem sinkenden Lebensstandard. Aber wenn ich mein Leben auf Pellworm mit dem in der Stadt vergleiche, kann ich nicht verstehen, wovon solche Menschen eigentlich reden. Das Leben auf Pellworm ist bereits einfacher. Wir konsumieren weniger. Aber das macht unser Leben nicht ärmer, sondern schöner. Warum also sollte es für andere Menschen nicht auch ein Gewinn sein, wenn sie ihre Zeit in Wichtigeres stecken, als Geld zu verdienen, um Dinge zu kaufen, mit denen sie Menschen neidisch machen wollen, die sie im Grunde gar nicht leiden können ...?

Mit diesen Gedanken bin ich am Waldhusentief angelangt. Ich fahre an der Pellwormer Feuerwehr vorbei, die Schulstraße nach Osten runter und dann wieder Richtung Süden, nehme Kurs auf die Edenswarf. Eine Viertelstunde später biege ich in die Zufahrt zu unserem Hof ein. Ich komme an dem Haus meiner Großeltern vorbei und muss daran denken, wie wir als Kinder früher jederzeit bei ihnen reinschneien konnten. Was haben sie und alle meine Vorfahren nicht schon auf dieser Insel und diesem Hof erlebt? Und wie wird es wohl für meine Kinder sein, hier mit dem Rad entlangzufahren? Ich werde langsamer. Als ich an »unserem Wald« vorbei auf den Hof radele, kommt mir unser Hund Mio entgegen. Ich stelle mein Rad unter und spiele ein bisschen mit ihm. Nachdenklich zerstrubbele ich sein krauses Fell und drücke ihn an mich. Ich sehe mich um und spüre, wie ich den Verdruss, den Zweifel und die Angst nicht zulassen will. Ich werde mich in meinem Leben dort für den Klimaschutz einsetzen, wo ich wirklich etwas verändern kann. Mir gibt die Landwirtschaft mehr als genug Spielraum, um aktiv etwas für unser aller Zukunft zu tun. Ob sich nun mein Traum erfüllt und ich den Biobauernhof meiner Eltern übernehmen kann – oder ob ich woanders meine Heimat finde. Es wird eine Heimat mit Zukunft sein.

15

Glück auf, Glück auf

SILKE Es ist schon erstaunlich, mit wie vielen Emotionen der Begriff »Heimat« belegt ist. Ich bin in Dortmund geboren, und die Kindheit im Ruhrgebiet hat mich für mein Leben geprägt. Da war die achtzig Meter hohe Fackel des Oxygenstahlwerkes von Hoesch, die überschüssige Gase verbrannte und den Himmel wahrlich beeindruckend erhellte. Da war der völlig normale Vorort mit wenig Natur, ein paar Spielplätzen zwischen Siedlungshäusern, der Arbeit der Kohlekumpels, der Trinkhallenkultur an jeder Ecke und der Hymne des Ruhrgebiets »Glück auf, Glück auf, der Steiger kommt ...«. Da war der Stolz darauf, durch »harte Arbeit und ehrlichen Lohn« ganz wesentlich zum Wiederaufbau der Bundesrepublik beigetragen zu haben. Da war aber auch die ständige Angst vor Veränderung und Identitätsverlust.

Das begann mit dem Strukturwandel, der das gesamte Ruhrgebiet seit den sechziger Jahren tiefgreifend veränderte. Bis dahin hatte sich die Region ausschließlich auf die Kohleförderung sowie deren vor- und nachgelagerte Wirtschaftszweige konzentriert. Als ab den fünfziger Jahren die Nachfrage sank, traf dies das Ruhrgebiet hart. Aber Veränderungen wollte niemand. Lange hielten die Menschen eisern an Strukturen fest, die ihnen zwar ihren Lebensunterhalt sicherten, aber die Natur total zerstörten, das Land zersiedelten und ihr Leben grau und krank machten. Anders als beim Braunkohlebergbau, bei dem sich die riesigen Baggerschaufeln über Tage durch die Landschaft fräsen und ganze Dörfer und Wälder dem Erdboden gleichmachen, sahen wir beim Steinkohlebergbau die Zerstörung nicht direkt. Die Kumpels fuhren sauber unter Tage und kamen schwarz wieder hoch. Dreck, Ruß, graue Wäsche auf der Leine und Pseudo-Krupp-Husten waren normal. Ich kannte es nicht anders. Auf die Idee, dass unser Leben ohne Kohle besser sein könnte, kam niemand. Wir blieben lieber in einer aussichtslosen und zugleich zerstörerischen Situation, als uns zu bewegen. Wir waren wohl noch nicht bereit zu lernen. An dieser Haltung änderte auch der Ölschock Anfang der siebziger Jahre nichts. Ich erinnere mich noch, wie friedlich es an den vier autofreien Sonntagen war. Ich weiß aber auch noch, dass sich die Erwachsenen ernsthafte Sorgen machten. Die Zeitungen und Zeitschriften titelten mit Begriffen wie »Ölangst« oder »Energiekrise«, und viele sahen ihren gerade mühsam erarbeiteten Wohlstand schon wieder in Gefahr. Schlagartig wurde uns allen bewusst, dass fossile Energieträger endlich sind. Geändert hat das nichts. Heute, fast fünfzig Jahre später, klammern wir uns immer noch an den Verbrennungsmotor. Während ich dies schreibe, führt Putin Krieg gegen die Ukraine. Und uns wird bewusst, dass unsere Abhängigkeit von fossilen Energien nicht nur eine Frage des Klimaschutzes ist. Der Ausbau erneuerbarer Energien schenkt uns auch Unabhängigkeit von totalitären Machthabern.

Spätestens seit Anfang der siebziger Jahre entwickelte sich der Ruhrpott auch zu einem wichtigen Atomstandort in Deutschland. Das Atomkraftwerk (AKW) Hamm-Uentrop, das AKW Würgassen, das Zwischenlager für Brennelemente in Ahaus, Deutschlands einzige Urananreicherungsanlage in Gronau und die Atommüll-Konditionierungsanlage in Duisburg waren und sind zum Teil immer noch wichtige Betriebe der Atomwirtschaft. Schon als Kind und als Jugendliche haben sie mir ein mulmiges Gefühl, ja sogar Angst vermittelt. Immer wieder malte ich mir aus, was wohl passieren würde, käme es zum größten anzunehmenden Unfall (GAU). Im Jahr 1986 wurde ein solcher Albtraum zur Realität. Im ukrainischen Tschernobyl kam es im April zu einer Kernschmelze. Radioaktive Wolken zogen über Europa hinweg. Auch Deutschland war betroffen. Wir sollten keinesfalls Haselnüsse und Pilze essen. Das Ausmaß der Strahlung war unklar. Und irgendwie fühlte sich die Gefahr auch so unwirklich an. Wir konnten die Strahlung ja nicht sehen. Nur einen Monat später kam es zu einem wenig bekannten Störfall im Kernkraftwerk Hamm-Uentrop, nur etwa 30 Kilometer Luftlinie von meinem Zuhause entfernt. Und wieder flog eine radioaktive Wolke über uns vorbei. Die Kraftwerksbetreiber versuchten den gefährlichen Unfall zu vertuschen. Spätestens diese beiden Erfahrungen haben aus mir eine entschiedene Atomkraftgegnerin gemacht.

Im Jahr 1984 erreichte die Kohleförderung im rheinischen Braunkohlerevier – dem größten Europas – mit 120,6 Millionen Tonnen ihr absolutes Maximum. Deutschland ist seit langem der weltweit größte Förderer von Braunkohle. Dabei ist Braunkohle der klimaschädlichste aller Energieträger. Für jede Tonne Braunkohle, die wir in einem Kraftwerk verfeuern, setzen wir eine Tonne Kohlendioxid frei. Der Energieriese RWE, dem die komplette industrielle Nutzung mit der gesamten Wertschöpfungskette in Nordrhein-Westfalen gehört, stieß allein 2020 rund 42 Millionen Tonnen CO_2 aus – und das war in einem Jahr mit Pandemie, Lockdowns und zurückgefahrener Wirtschaft! Die Verstromung der Kohle hat damit in Deutschland den mit Abstand größten Anteil an CO_2-Emissionen und trägt entsprechend am stärksten zur Verschärfung der Klimakrise bei. Dennoch fand die Kohlekommission – die die Regierung 2018 einsetzte, um Empfehlungen für Maßnahmen zur sozialen und strukturpolitischen Entwicklung der Braunkohleregionen sowie zu ihrer finanziellen Absicherung zu erarbeiten – ein Jahr später keinen besseren Kompromiss als einen Ausstieg bis 2038. Das ist viel zu spät, um das Pariser Klimaabkommen einzuhalten. Und RWE lässt sich den Ausstieg obendrein noch mit 2,6 Milliarden Euro Steuergeldern vergolden.

Ich bin mir sehr bewusst, wie schwer und schmerzhaft tiefgreifende, strukturelle Veränderungen sind – sowohl für uns als Individuen als auch für unsere Gesellschaft als Ganzes. Ich kenne die Angst und die Sorgen der Menschen, die damit zurechtkommen müssen. Doch es bleibt uns gar nichts anderes übrig – weder in Deutschland noch weltweit. Entweder zwingen uns die katastrophalen Auswirkungen der Klimakatastrophe, unseren gewohnten Lebensstil aufzugeben. Oder wir handeln rechtzeitig und gestalten die Veränderungen. Es liegt in unserer Hand. Es ist unsere Entscheidung. Auch wenn die Politik jahrzehntelang wertvolle Zeit verschlafen hat und der Strukturwandel deshalb jetzt schnell und unbequem werden wird – das Ergebnis wird immer noch besser sein, als alles, was wir unseren Kindern und Enkelkindern zumuten, wenn wir innerhalb der nächsten zehn Jahre weiterhin so zögerlich handeln wie bisher. Und warum sollten wir auch nicht? Ist es wirklich eine so große Errungenschaft, wenn wir für den Kohleabbau ganze Dörfer zerstören oder die letzten uralten Wälder roden? Ist es wirklich so wichtig, ohne Tempolimit über die Autobahn zu rasen und auf Kreuzfahrtschiffen unseren Urlaub zu verbringen? Ist Billigfleisch so bedeutsam, dass wir dafür achselzuckend Tiere in industrieller Massentierhaltung quälen? Nein! Wir stehen an einer Stelle der Menschheitsgeschichte, wo wir es nicht nur unseren Nachkommen schuldig sind, aktiv zu werden. Wir sind es auch uns selbst, unserer Würde und Selbstachtung schuldig. Ich möchte meinen Enkelkindern einmal sagen können, was ich getan habe, um zumindest zu versuchen, die Klimakatastrophe zu verhindern. Auch wenn ich dabei scheitern könnte.

Ehe der Anruf von Greenpeace im Frühsommer 2018 kam, war ich immer weit davon entfernt gewesen, eine Umweltschutzaktivistin zu sein. Sicher, ich war in meiner Jugend bei Demos gegen den Golfkrieg und für den Frieden, gegen die AKW und für den Umweltschutz gewesen. Das war damals normal. Und es gab auch Zeiten, in denen ich davon träumte, mich für Greenpeace in Schlauchbooten vor Walfänger zu schmeißen oder an Kohlekraftwerke zu ketten. Damals war ich allerdings nicht mutig genug. Vielleicht war meine Zeit aber einfach noch nicht gekommen. Die Familie stand für mich zunächst im Vordergrund, und so blieb es beim Träumen. Doch mit der Klimaklage hat sich mein Leben verändert. Meine Kinder wurden flügge, und ich fing an, mich genauer zu informieren, die Dinge zu hinterfragen. Ich lernte Menschen kennen, die sich bei ihrem Kampf für den Klimaschutz nicht unterkriegen lassen. Und die in der Gemeinschaft Gleichgesinnter Freude und Freundschaft finden.

So frustrierend unser Weg vor die Gerichte auch gewesen sein mag. So sehr mich die Reaktionen der Politik enttäuscht haben. Ich kann nicht mehr zu dem Punkt zurück, an dem ich vor der Klimaklage stand. Ich spüre eine Verantwortung und muss weitergehen. Ich werde Neues ausprobieren und herausfinden, wie ich in unserem Land politisch etwas verändern kann.

16
Teil der Lösung

SILKE UND SOPHIE Die ersten Menschen, die vom Weltall aus ein Foto von der Erde machten, waren die drei Astronauten William Anders, Frank Borman und James Lovell von der Mission »Apollo 8«. Man schrieb das Jahr 1968, und ihr Auftrag war es eigentlich, den Mond zu umrunden und dessen Oberfläche zu fotografieren. Eher spontan schwenkten sie die Kamera um, als sie die Erde hinter dem Mond aufgehen sahen, und machten ein Foto. Dieses Bild trägt heute den Titel »Earthrise« und ist aus unserer Sicht ein Sinnbild für unsere Epoche: Wir Menschen sehen die Erde in ihrer ganzen, atemberaubenden Schönheit. Aber auch in ihrer Einmaligkeit und Verletzlichkeit. Dieser kleine blaue Ball mitten im unendlichen Schwarz des Weltalls – ist er bloß ein kosmischer Zufall? Auf alle Fälle ist er das einzige Zuhause, das wir Menschen kennen. Unser Zuhause. Der Grund dafür, dass wir auf diesem Planeten überhaupt leben können, ist die rund 90 Kilometer dicke Gasschicht, die ihn umgibt: die Erdatmosphäre. Kohlenstoffdioxid und andere Treibhausgase gehören neben Stickstoff, Sauerstoff und anderen Gasen von Natur aus mit dazu. Sie sind wichtig. Der Treibhauseffekt an sich ist wichtig. Ohne ihn wäre auf der Erde gar kein Leben möglich, unser Planet wäre eiskalt und leer. Klimaschwankungen gehören ebenfalls dazu. Im Verlauf von Jahrmillionen gab es immer wieder Eiszeiten und Warmzeiten. Doch der CO_2-Gehalt in der Erdatmosphäre steigt und steigt. Mittlerweile hat das Kohlendioxid eine Konzentration erreicht, wie sie die Erde schon seit drei Millionen Jahren nicht mehr erlebt hat. Damals, im Pliozän, gab es noch Dinosaurier. Die Temperatur war im Schnitt 2 bis 3 Grad wärmer, die Pole waren eisfrei und der Meeresspiegel 15 bis 25 Meter höher als heute.

Sieht so unsere Zukunft aus? Wenn ja, dann hat das nicht nur verheerende Auswirkungen auf uns, die Menschen. Es hat auch massive Auswirkungen auf alle Lebewesen, mit denen wir diesen Planeten teilen. Bereits jetzt, während wir diese Zeilen schreiben, sterben täglich 150 Arten aus.[45] Wir befinden uns im sechsten großen Massenaussterben, das unser Planet erlebt hat. Das bedeutet auch, dass mehr und mehr Ökosysteme und natürliche Kreisläufe gestört sind, teilweise sogar zusammenbrechen. Aus evolutionsbiologischer Sicht lässt sich dieser Verlust nie wieder rückgängig machen. Es ist, als löschten wir gerade die Festplatte der Erde. Gigantische Datensätze einer umfangreichen Biodiversität gehen verloren, die sich über Milliarden von Jahren aufgebaut und entwickelt hat. Zerstört und verheizt in gerade mal zwei Jahrhunderten Industriezeitalter. Und mit immer größer werdender Geschwindigkeit. Es ist unfassbar traurig und tragisch. Doch nach wie vor kriegen viel zu viele Menschen das noch nicht einmal mit.

Das liegt hauptsächlich daran, dass wir Menschen in den westlichen Industrienationen uns schon längst von der Natur verabschiedet haben. Wir haben sie zur »Um-Welt« gemacht und betrachten uns selbst nicht mehr als ein Teil von ihr. Ja, wir stehen gefühlt sogar über ihr. Wir glauben, wir seien der Endpunkt der Evolution, die »Krone der Schöpfung«. Die

Herrscher*innen, die sich die Erde untertan machen könnten. Was für ein Größenwahn! Das lebendige Ganze, in dem alles miteinander verbunden ist, betrachten wir nur noch als eine Art Maschine. Etwas, das sich scheinbar nach Belieben umbauen und verändern lässt: Ein Wald besteht dann aus Holz, Insekten sind Schädlinge, Gifte sind Schutzmittel, der Boden ist eine Oberfläche und ein Rind ein »Nutztier«, das Fleisch »produziert«! Dass in der Natur nichts einfach so oder nur für sich allein existiert, dieses Wissen scheinen wir irgendwie nicht verinnerlichen zu können. Dass alles miteinander verbunden und damit auch voneinander abhängig ist, blenden wir allzu schnell aus, wenn es um persönliche Interessen geht. Wir Menschen sind die einzigen Lebewesen auf der Erde, die Ressourcen verbrauchen, um Dinge zu erzeugen, die als giftiger »Müll« zu nichts mehr zu verwenden sind, ja im schlimmsten, aber nicht seltenen Fall sogar enormen Schaden anrichten. Die Natur kennt nur Kreisläufe. Der Abfall des einen ist die Nahrung des anderen. Doch wir glauben immer noch, unendliches Wachstum auf einem endlichen Planeten sei tatsächlich möglich. Wer so durch die Welt geht, hat nichts verstanden, hat keinen Blick für die Vielfalt und Schönheit der Natur.

Und so verbrauchen wir mehr und mehr. Im Jahr 2021 haben wir 1,75-mal so viele Ressourcen verbraucht, wie die Erde in diesem Jahr »liefern« konnte. Und dieser Wert steigt mit jedem Jahr. Ein Umdenken ist nicht in Sicht. Dabei wäre eine Rückkehr zu einem nachhaltigen Verbrauch – man verbraucht also nur so viele Ressourcen, wie die Erde in einem Jahr erzeugen kann – keineswegs ein Zurück in die Steinzeit. Das letzte Mal, als wir nur so viel verbrauchten, wie die Natur uns geben kann, war im Jahr 1970. Auch damals schon hatten die Menschen einen Lebensstandard erreicht, der sich als zivilisiert und gut bezeichnen lässt. Und mit dem heutigen Stand der technischen Entwicklung wäre mit Sicherheit ein besserer Lebensstandard bei gleichen Ressourcenverbrauch möglich. Warum bloß erscheint uns das so undenkbar und unzumutbar?

Wir sehen uns das Foto »Earthrise« noch einmal genauer an (man findet es überall im Internet, in Büchern oder als Poster). Es ist Teil des kollektiven Gedächtnisses geworden und gehört zu den am meisten reproduzierten Bildern weltweit. Das, was viele Menschen überkommt, wenn sie unseren Heimatplaneten so vom Weltall aus betrachten, ist ein Gefühl von Ehrfurcht. Es gibt sogar einen psychologischen Fachterminus dafür: Es handelt sich dabei um den sogenannten Overview-Effekt, den Astronaut*innen erleben, wenn sie das erste Mal die Erde im Weltall sehen. Für die meisten von ihnen ist das ein lebensveränderndes Erlebnis.

Wir beide haben dieses Buch genau deshalb geschrieben: Weil unsere Erde nur eine »Insel« im weiten »Ozean« des Weltalls ist. So wie wir hier unser Pellworm retten wollen, so wollen wir auch diesen gastlichsten aller Planeten retten, den wir kennen: die Erde.

Wie wäre es wohl, wenn wir die Begeisterung, die die Menschheit vor einem halben Jahrhundert für »Wettlauf zum Mond« aufbrachte, heute für den Schutz unseres Planeten aufbringen würden? Wenn wir all unser Wissen, unsere Kreativität und unseren Erfindungsreichtum dem Schutz der Erde widmen würden? Wenn all unser Handeln und Denken, unsere Entscheidungen und Maßnahmen darauf hin ausgerichtet wären? Damals empfanden es viele als ein Privileg, Teil der Generation in der Menschheitsgeschichte zu sein, die es schaffte, das erste Mal zum Mond zu fliegen. Jahrtausendelang hatten die Menschen zuvor versucht sich vorzustellen, wie es da oben wohl ist. Am Ende hatte es auch noch Jahrzehnte gedauert, bis die Menschen es durch ihren überragenden Verstand und ihre Fähigkeit zur Kooperation dann endlich geschafft hatten. Auch für uns gilt: Nur mit klarem Verstand und der Bereitschaft, zusammen anzupacken, werden wir die größte Herausforderung unserer Zeit meistern können.

In diesem Buch haben wir versucht zu zeigen, dass jede und jeder von uns die Möglichkeit hat, etwas gegen die Klimakrise und für eine lebenswerte Zukunft unserer Kinder und Enkelkinder zu unternehmen. Dazu muss man kein*e Politiker*in, Wissenschaftler*in oder Aktivist*in sein. Wir Menschen haben alle gemeinsam großes Potenzial, im Guten wie im Schlechten. Im Moment stehen wir an einem Scheideweg. Wir müssen uns entscheiden, ob wir Teil des Problems oder Teil der Lösung sein wollen. Das gilt für uns als Menschheit, als Nationen, als Gemeinschaften und auch als Individuen. Vor dieser Frage stehen heutzutage alle Menschen, jeder und jede für sich – Tag für Tag. Und wir hoffen, dass ihr euch heute für den richtigen Weg entscheidet.

Danke

Wir möchten uns ganz herzlich bei ALLEN bedanken, die uns während der Klimaklage und Verfassungsbeschwerde unterstützt, motiviert und zur Seite gestanden haben.

Vor allen Dingen geht unser Dank an unsere Mitkläger*innen – die Familie Blohm im Alten Land und die Familie Lütke Schwienhorst in Brandenburg, die mindestens genauso verrückt sind wie wir.

Ein ganz besonderer und herzlicher Dank geht an Anike, Lisa und Roda – you rock!

Natürlich waren wir, Sophie und Silke, nicht die ganze Zeit über zu zweit unterwegs. Ohne den Rest unserer Familie hätten wir weder die Klage noch die Verfassungsbeschwerde stemmen können. Deshalb auch ein großer Dank an Jörg, Paul, Hannes und Jakob! Ein liebevoller Dank auch an Mio, der sich bereitwillig für alle Journalist*innen geopfert und als Streichelkissen gedient hat – laute Schale, weicher Kern.

Ganz herzlich danken wir dem Team des Hoffmann und Campe Verlags, Erik, Ludger, Lisa und Sandra.

Last but not least geht ein großer Dank an die Literarische Agentur Kossack mit allen Mitarbeitenden, allen voran Julia Dösch. Und DANKE an unseren Agenten Lars (Ruhepol) und unsere Agentin Nadja (Pellwormer Frauenpower!) – ohne euch gäbe es dieses Buch gar nicht!

Chronik

2007: Meseberger Klimaprogramm

Am 23. und 24. August 2007 beschließt das Bundeskabinett die »Eckpunkte für ein integriertes Energie- und Klimaschutzprogramm« – das sogenannte Meseberger Klimaprogramm. In diesem Programm setzt sich die Bundesregierung das nationale Klimaziel für 2020, dass sie die Emissionen im Vergleich zu 1990 um 40 Prozent senken will. Dieses Ziel orientiert sich an dem vom Weltklimarat (Intergovernmental Panel on Climate Change, IPCC) vorgegebenen Rahmen für Industrieländer. Damit entspricht es dem damaligen Stand der Wissenschaft.[46]

2008: Umweltgutachten

Der Sachverständigenrat für Umweltfragen (SRU) errechnet in seinem Umweltgutachten, dass das in Meseberg beschlossene Maßnahmenpaket anstelle der angestrebten 40 Prozent nur eine CO_2-Reduktion von 36 Prozent bewirkt. Der Bundesregierung war also seit diesem Jahr bekannt, dass die beschlossenen Klimaschutzmaßnahmen nicht ausreichen, um das Klimaziel 2020 zu erreichen.

2009: Lastenteilungsentscheidung der EU

In der sogenannten Lastenteilungsentscheidung legt die Europäische Union die Klimaziele für 2020 und für 2030 fest.

Die CO_2-Emissionen sollen in der EU bis 2020 um insgesamt 10 Prozent im Vergleich zu 1990 zurückgehen. Für die EU-Staaten gelten unterschiedliche Einzelziele. Deutschland soll bis 2020 demnach 14 Prozent Kohlendioxid im Vergleich zu 1990 einsparen, bis 2030 sollen es 38 Prozent sein.

2010: Energiekonzept

Im Jahr 2010 wird immer deutlicher, dass Deutschland seine Klimaziele ohne grundlegende zusätzliche Maßnahmen deutlich verfehlen wird. Am 28. September 2010 bekennt sich das Bundeskabinett erneut ausdrücklich zum Klimaziel 2020 und beschließt das »Energiekonzept für eine umweltschonende, zuverlässige und bezahlbare Energieversorgung«.

2014: Aktionsprogramm Klimaschutz 2020

Mit einem Kabinettsbeschluss vom 3. Dezember 2014 bekräftigt auch die neue Bundesregierung das Klimaziel 2020. Um dieses Ziel zu erreichen, beschließt sie das »Aktionsprogramm Klimaschutz 2020«. Dessen Umsetzung überprüft die Bundesregierung ab 2015 jährlich in Klimaschutzberichten.

2015: Stilllegung von Braunkohlekraftwerken

Auf Grundlage des Klimaziels 2020 erlässt die Bundesregierung Gesetze, die zu grundrechtsintensiven Eingriffen führen. Dazu gehört beispielsweise der Paragraph 13 g des Energiewirtschaftsgesetzes »Stilllegung von Braunkohlekraftwerken«.

September 2017 bis April 2018: Pellworm läuft voll

Pellworm erlebt monatelang so viel Starkregen, dass das Wasser nicht mehr ablaufen kann. Die Insel läuft voll wie eine Badewanne. In einigen Teilen der Insel funktionieren die Abwasserleitungen nicht mehr. Abflüsse laufen über. Das Technische Hilfswerk muss Wasser in großen Mengen über die Deiche pumpen.

13. Juni 2018: Aufgabe des Klimaziels 2020
Der Klimaschutzbericht 2017 wird veröffentlicht und macht klar: Deutschland wird das Klimaziel 2020 nicht erreichen. Die Bundesregierung gesteht ein, dass sie lediglich eine Treibhausgasreduktion von 32 Prozent im Vergleich zu 1990 erreichen wird! Sie schlägt aber keine Maßnahmen vor, um das Ziel doch noch zu erreichen.

Juni 2018: Anruf von Greenpeace
Die Aktivistin und Greenpeace-Mitarbeiterin Anike Peters ruft bei Familie Backsen an und fragt, ob sie die Bundesregierung auf angemessene Klimaschutzmaßnahmen verklagen will. Außer Familie Backsen treten als Kläger*innen die Familie Blohm aus dem Alten Land bei Hamburg auf sowie die Familie Lütke Schwienhorst aus Brandenburg.

16. August 2018: Energieszenario 2020
Die von Greenpeace beauftragte Studie des Fraunhofer-Instituts für Energiewirtschaft und Energiesystemtechnik rechnet vor, dass Deutschland die Klimaziele 2020 erreichen könnte. Der Studie zufolge müssten dafür die ältesten Braunkohleblöcke abgeschaltet, Wind- und Solarkraft, wie im Koalitionsvertrag vereinbart, ausgebaut und Braunkohlekraftwerke, die älter als zwanzig Jahre sind, in ihrer Leistung leicht gedrosselt werden.

25. Oktober 2018: Klimaklage eingereicht
Die drei Klägerfamilien reichen die Klimaklage beim Verwaltungsgericht in Berlin ein. Zeitgleich startet Greenpeace die

Mitmachaktion »Beiladung zur Klimaklage«. So können sich Dritte – also Personen, die weder Kläger*innen noch Beklagte sind – in einem Gerichtsverfahren beteiligen.

31. Oktober 2018: Das Aktenzeichen

Das Verwaltungsgericht Berlin weist die Klage der 10. Kammer zu. Die Klimaklage erhält das Aktenzeichen 10 K 412/18.

8. November 2018: Bundesumweltministerium übernimmt die Vertretung

Das Kanzleramt übergibt die Bearbeitung der Klimaklage an das Bundesministerium für Umwelt, Naturschutz und nukleare Sicherheit (BMU). Das BMU wird die Bundesregierung nun in dem Verfahren vertreten.

20. Dezember 2018: Köhler & Klett übernimmt die Verteidigung

Die Anwaltskanzlei Köhler & Klett übernimmt die Verteidigung. Sie beantragt, dass das Gericht die Frist zur ersten Klageerwiderung von drei auf rund fünfeinhalb Monate verlängert – bis zum 15. April 2019. Greenpeace erhält zwar die beantragte Akteneinsicht, doch das BMU bittet auch hier um eine Fristverlängerung bis zum 15. Februar 2019. Dann erhalten die Klimakläger*innen die Unterlagen verschiedener Ministerien zur Einhaltung des Klimaziels 2020, zum CO_2-Budget und zu den veranlassten Klimaschutzmaßnahmen.

8. Januar 2019: Kläger*innen kritisieren Verzögerungstaktik

Die Klimakläger*innen beantragen, dass das Gericht der Fristverlängerung für die erste Erwiderung durch das BMU nicht stattgibt, weil die Zeit drängt. Wenn das Klimaziel 2020 noch irgendwie eingehalten werden soll, sind so lange Erwiderungsfristen hinderlich.

18. Januar 2019: Fristverlängerung stattgegeben
Das Verwaltungsgericht Berlin gibt der Fristverlängerung statt, die das BMU beantragt hatte. Die Bundesregierung hat nun bis zum 15. April 2019 Zeit, schriftlich Stellung zur Klimaklage zu nehmen.

18. Februar 2019: Entwurf eines Klimaschutzgesetzes
Die Bundesumweltministerin Svenja Schulze legt ohne Zustimmung des Bundeskanzleramts einen Referentenentwurf für ein Bundes-Klimaschutzgesetz (KSG) vor. Es sieht jährlich sinkende Emissionsgrenzen für die Sektoren Energiewirtschaft, Industrie, Verkehr, Gebäude, Landwirtschaft sowie Abfallwirtschaft und Sonstiges vor. Sollten sie diese Jahresemissionsgrenze nicht einhalten, müssen die zuständigen Ministerien zum Beispiel aus eigenem Budget Emissionsrechte einkaufen.

Ende März 2019: Ende der Beiladungsaktion
Greenpeace beendet seine Mitmach-Aktion »Beiladung zur Klimaklage«. Alle vollständigen Anträge auf Beiladung werden nun juristisch geprüft. 4500 Menschen haben mitgemacht.

15. April 2019: Eine weitere Verlängerung
Eigentlich sollten die Anwält*innen der Regierung nun – nach fast sechs Monaten – schriftlich Stellung zur Klimaklage beziehen. Stattdessen beantragen sie eine weitere Fristverlängerung auf nunmehr Mitte Juni. Damit liegt frühestens acht Monate nach dem Einreichen der Klage eine erste Stellungnahme der Regierung vor.

24. April 2019: Verzögerungstaktik beenden

Die Kläger*innenfamilien wollen eine zweite Fristverlängerung nicht hinnehmen. Sie fordern das Gericht auf, endlich einen Verhandlungstermin festzusetzen, sodass Maßnahmen für das Klimaziel 2020 überhaupt noch möglich sind.

9. Mai 2019: Antrag auf Beiladung eingereicht

Die Rechtsanwält*innen sowie Greenpeace wählen 221 Privatpersonen aus, für die sie die Beiladung beim Verwaltungsgericht Berlin beantragen. Die Begründung: »Da auch sie durch die Erderhitzung in ihren Grundrechten einschränkt sind, haben sie ein Recht darauf, sich dem Gerichtsverfahren als Beigeladene anzuschließen.«

12. Juni 2019: Pellworm beantragt ebenfalls Beiladung

Die Gemeinderatssitzung stimmt dem »Beschluss über die Beantragung der Beiladung zur Klimaklage gegen die Bundesregierung« zu. Damit waren die Fridays-for-Future-Aktivist*innen von Pellworm erfolgreich, die mit ihren Unterschriftenlisten und einer Online-Petition wochenlang Unterschriften dafür gesammelt und diese bei der Sitzung dem Gemeinderat überreicht hatten.

18. Juni 2019: Erste Stellungnahme der Bundesregierung

Die Bundesregierung nimmt erstmals Stellung zur Klimaklage. Sie argumentiert, die Klage sei unzulässig, weil der Bundesregierung nicht gerichtlich vorgeschrieben werden dürfe, welche Politik sie zu verfolgen habe. Außerdem stellt sie infrage, ob die Klage mit dem Demokratieprinzip und dem Grundsatz der Gewaltenteilung vereinbar sei. Darauf, dass die Klimakläger*innen durch die Erderwärmung schon jetzt in ihren Grundrechten beeinträchtigt sind, geht sie nicht ein.

11. Juli 2019: **Beiladung abgewiesen**

Das Verwaltungsgericht Berlin weist den Antrag auf Beiladung zur Klimaklage zurück. Es hält die ausführlichen Schilderungen der drei klagenden Familien und die Erkenntnisse der Klimaforschung für ausreichend, um die Gründe für die Klage zu erfassen. Das Gericht will die individuellen Beeinträchtigungen der 221 Personen durch die Folgen der Klimakrise bei seiner Entscheidung jedoch berücksichtigen.

26. Juli 2019: **Gemeinderat auf Pellworm tagt**

Der Gemeinderat von Pellworm berät das erste Mal, ob er ebenfalls eine Klage auf Einhaltung des Klimaziels 2020 beim Verwaltungsgericht in Berlin einreichen soll. Nach einer kontroversen Diskussion vertagt der Gemeinderat die Beschlussfassung.

8. August 2019: **Der Verhandlungstermin steht fest**

Das Berliner Verwaltungsgericht gibt den Termin für die mündliche Verhandlung der Klimaklage bekannt: Es ist Donnerstag, der 31. Oktober 2019, 10:00 Uhr.

8. August 2019: **Pellworm lehnt eine Klimaklage ab**

Am selben Tag kommt der Gemeinderat von Pellworm zum zweiten Mal zusammen, um zu entscheiden, ob die Gemeinde ebenfalls eine Klimaklage einreichen soll. Die Abstimmung geht denkbar knapp mit fünf zu sechs Stimmen gegen die Klageeinreichung aus. Auf Pellworm haben sich zu diesem Thema zum Teil tiefe Gräben zwischen den Bewohner*innen aufgetan.

2. September 2019: Gericht fordert eine Erklärung

Das Gericht fordert die Bundesregierung auf, zu zeigen, was sie tut, um das Klimaziel 2020 doch noch zu erreichen – und ob sie Emissionsrechte von anderen EU-Staaten erwerben möchte, die ihre Reduktionsziele übererfüllen. Dafür hat die Regierung vier Wochen Zeit. Das Gericht setzt sich also inhaltlich mit der Klage auseinander und folgt nicht der Strategie der Bundesregierung, die die Klage aus formalen Gründen abweisen lassen möchte.

11. September 2019: Erwiderung der Klimakläger*innen

Die Klimakläger*innen erwidern die Stellungnahme der Bundesregierung. Darin weisen sie nochmals darauf hin, dass sie lediglich per Gericht prüfen lassen wollen, ob das Klimaschutzprogramm 2020 eine verbindliche Norm ist und ob es objektiv rechtswidrig ist, wenn die Bundesregierung sie nicht erreicht, weil sie dann die Grundrechte der Kläger*innenfamilien verletzt.

20. September 2019: Globaler Klimastreik von Fridays for Future

Weltweit gehen mehrere Millionen Menschen für mehr Klimaschutz auf die Straßen. Allein in Deutschland finden über 500 Demonstrationen statt.

20. September 2019: Klimaschutzpaket verhandelt

Nach langen und zähen Verhandlungen stellt das Klimakabinett – bestehend aus Bundeskanzlerin Angela Merkel und sechs Bundesminister*innen – ein Maßnahmenbündel vor, das dafür sorgen soll, dass die Bundesregierung die Klimaziele 2030 einhalten kann. Wissenschaftler*innen kritisieren, dass die Maßnahmen zu wenig CO_2 einsparen und sozial ungerecht sind.

9. Oktober 2019: **Klimaschutzgesetz in Bundestag eingebracht**

Das Maßnahmenpaket des Klimakabinetts wird ungeachtet der Kritik als Bundes-Klimaschutzgesetz vom Bundeskabinett verabschiedet und in den Bundestag eingebracht.

15. Oktober 2019: **Zweite Stellungnahme der Bundesregierung**

In ihrem zweiten Schriftsatz hält die Regierung die Klage immer noch für unzulässig. Sie ist der Meinung, dass sie jederzeit von ihren eigenen Klimaschutzzielen abweichen könne. Außerdem seien die Klimakläger*innen in ihren Grundrechten nicht betroffen.

24. Oktober 2019: **Zweite Erwiderung der Klimakläger*innen**

Die Klimakläger*innen verweisen auf die Stellungnahme des Generalstaatsanwalts am Obersten Gerichtshof der Niederlande, der sich am 13. September 2019 zu dem ähnlich gelagerten Verfahren »Urgenda« geäußert hatte. Demnach wäre es eine rechtliche Frage, ob eine Regierung das Klima zum Grundrechtsschutz innerhalb bestimmter Ziele schützen müsse – und keine politische.

31. Oktober 2019: **Mündliche Verhandlung**

Zum ersten Mal in der Geschichte Deutschlands steht die Bundesregierung vor Gericht, weil sie das Klima nicht ausreichend schützt. Nach fünf Stunden Verhandlung weist das Verwaltungsgericht die Klage zwar in erster Instanz ab. Allerdings erkennt es Klimaklagen als grundsätzlich zulässig an. Klimakläger*innen und Klimaschutzaktivist*innen feiern dies als Teilerfolg.

15. November 2019: Klimaschutzgesetz beschlossen

Der Bundestag beschließt das von der Regierung vorgelegte Klimaschutzgesetz. Bis 2030 soll Deutschland demnach 55 Prozent seiner Treibhausgasemissionen im Vergleich zu 1990 einsparen. Wissenschaftler*innen halten das für zu wenig, um das Pariser Klimaabkommen einzuhalten und die durchschnittliche Erderwärmung auf 1,5 bis maximal 2 Grad zu begrenzen.

15. Januar 2020: Pressekonferenz der Verfassungsbeschwerde

Umweltschutzorganisationen und junge Menschen stellen drei Verfassungsbeschwerden beim Bundesverfassungsgericht vor. Die Beschwerdeführenden kommen aus Deutschland, Bangladesch und Nepal.

27. Januar 2020: Erster Corona-Fall

In Bayern wird die erste Corona-Infektion gemeldet. Noch lassen sich Corona-Ausbrüche schnell eindämmen und eine Ausbreitung verhindern.

12. Februar 2020: Verfassungsbeschwerde wird eingereicht

Die Beschwerdeführenden reichen ihre Verfassungsbeschwerde beim Bundesverfassungsgericht ein. Ihr Ziel: Die Klimaziele 2030 und 2050 sind zu schwach, um das Pariser Klimaabkommen einzuhalten. Das Bundesverfassungsgericht soll prüfen, ob das Gesetz damit gegen ihre Grundrechte verstößt. Die Beschwerde erhält das Aktenzeichen 1 BvR 288/20.

22. März 2020: Erster Corona-Lockdown

Der erste Lockdown, den die Regierung am 16. März beschlossen hatte, tritt in Kraft. Er endet sieben Wochen später am 4. Mai 2020.

22. Mai 2020: Stellungnahme gefordert

Das Bundesverfassungsgericht fordert den Bundestag, den Bundesrat, das Bundeskanzleramt, das Bundesministerium des Innern für Bau und Heimat, das Bundesministerium der Justiz und Verbraucherschutz sowie alle Länderregierungen jeweils zu einer Stellungnahme auf.

27. Oktober 2020: Stellungnahme des Bundestages

Die Stellungnahme des Deutschen Bundestags geht beim Bundesverfassungsgericht ein.

30. Oktober 2020: Stellungnahme der Bundesregierung

Die Bundesregierung gibt ihre Stellungnahme beim Bundesverfassungsgericht ab.

10. Februar 2021: Erwiderung der Beschwerdeführenden

Die Beschwerdeführenden lassen ihre Erwiderung auf die Stellungnahmen von Bundesregierung und Bundestag über ihre Anwältin Roda Verheyen beim Bundesverfassungsgericht einreichen.

29. April 2021: Klimaklage erfolgreich

Zur Überraschung aller bestätigt das Bundesverfassungsgericht, dass das Klimaschutzgesetz in Teilen verfassungswidrig ist. Der Grund: Es verletzt die Freiheitsrechte der jungen Menschen, weil ein zu großer Teil der Emissionsminderung auf diese Generation abgewälzt wird. Die Richter*innen verpflichten den Gesetzgeber, bis Ende 2022 die Ziele zur Reduktion von Treibhausgasen nach 2030 konkret zu regeln.

Quellen

1   https://www.dw.com/de/reichen-deiche-angesichts-des-steigenden-meeresspiegels/av-51696934

2   https://wiki.bildungsserver.de/klimawandel/index.php/Meeresspiegel-anstieg_in_der_Nordsee

3   https://www.klimareporter.de/protest/worauf-sollen-die-menschen-denn-sonst-noch-hoffen

4   https://klimakonferenz.org/wie-viel-co2-duerfen-wir-noch-ausstossen/

5   https://www.greenpeace.de/publikationen/2030_kohlefrei_fraunhofer_iee_greenpeace.pdf

6   https://www.klimareporter.de/protest/worauf-sollen-die-menschen-denn-sonst-noch-hoffen

7   https://www.deutschlandfunk.de/klagen-fuer-das-klima-wie-mehr-klimaschutz-vor-gericht-100.html

8   Siehe Anlage 14, Klageschrift, S. 11, https://act.greenpeace.de/klimaklage

9   https://act.greenpeace.de/klimaklage

10 Siehe Anlage 14, Klageschrift, S. 11, https://act.greenpeace.de/klimaklage

11 Alle Zahlen stammen aus Sebastian Friedrich, »Polit-Talkshows: Studie kritisiert mangelnde Vielfalt«, https://www.ndr.de/fernsehen/sendungen/zapp/medienpolitik/Polit-Talkshows-Studie-kritisiert-mangelnde-Vielfalt,talkshows110.html

12 Zitiert in https://www.greenpeace.de/ueber-uns/leitbild/klimaklaeger

13 https://blog.lebelieberlangsam.de/klage

14 https://www.ipcc.ch/srccl

15 https://www.deutschlandfunk.de/klagen-fuer-das-klima-wie-mehr-klimaschutz-vor-gericht-100.html

16 https://www.greenpeace.de/klimaschutz/klimakrise/teilerfolg-klimaklage

17 https://www.presseportal.de/pm/7666/4357526

18 https://www.duh.de/vbklima/

19 https://www.duh.de/presse/pressemitteilungen/pressemitteilung/klima-
schutz-vor-dem-bundesverfassungsgericht-klaegerinnen-und-klaeger-
fordern-klimaschutzgesetz-das/

20 https://www.deutschlandfunk.de/klagen-fuer-das-klima-wie-mehr-klima-
schutz-vor-gericht-100.html sowie https://www.urgenda.nl/en/themas/
climate-case und https://verfassungsblog.de/urgenda-iii-die-niederlande-als-
modell-richterlichen-klimaschutzes

21 Verfassungsbeschwerde, Zusammenfassung, S. 5, https://www.greenpeace.
de/klimaschutz/klimakrise/zweite-klimaklage-verfassungsbeschwerde

22 Ebenda, S. 8.

23 Ebenda, S. 59.

24 Ebenda, S. 33 ff.

25 Zusammenfassung der PK von Phoenix: https://www.youtube.com/
watch?v=3TYYhfRzaXo

26 Stellungnahme (S. 15) – aus der Erwiderung von Roda Verheyen, S. 8,
https://www.greenpeace.de/klimaschutz/klimakrise/zweite-klimaklage-
verfassungsbeschwerde

27 Erwiderung, S. 8, https://www.greenpeace.de/klimaschutz/klimakrise/
zweite-klimaklage-verfassungsbeschwerde

28 https://www.greenpeace.de/klimaschutz/mobilitaet/klimaschaedliche-
subventionen

29 https://www.tagesschau.de/inland/klimaziel-2020-101.html

30 https://www.tagesschau.de/ausland/europa/wmo-naturkatastrophen-101.
html

31 Quelle: https://www.youtube.com/watch?v=uZz8Gtg208U

32 Ebenda.

33 Ebenda.

34 https://twitter.com/OlafScholz/status/1387693093072277504

35 https://twitter.com/peteraltmaier/status/1387702594899005443

36 https://www.tagesschau.de/inland/klimaschutzgesetz-bundesverfassungs-
gericht-105.html

37 https://www.tagesschau.de/inland/klimaschutzgesetz-bundesverfassungs-
gericht-107.html

38 https://www.zdf.de/nachrichten/politik/klimaneutral-2045-klimaschutz-
gesetz-co-100.html

39 https://www.zeit.de/politik/deutschland/2021-05/klimagesetz-svenja-
schulze-umsetzung-massnahmen-klimaschutz?page=12

40 https://www.greenpeace.de/sites/default/files/publications/20210512-greenpeace-kurzanalyse-klimaschutzgesetz.pdf

41 https://www.greenpeace.de/publikationen/20210512-greenpeace-kurzanalyse-klimaschutzgesetz_0.pdf

42 https://www.bild.de/politik/inland/politik-inland/aufs-fleisch-und-fliegen-verzichten-so-denken-die-deutschen-wirklich-ueber-klima-76329624.bild.html

43 https://www.tagesschau.de/inland/btw21/fdp-erstwaehler-101.html

44 https://www.tagesschau.de/investigativ/swr/studie-klimaziele-ampel-101.html

45 https://www.peta.de/themen/artensterben/

46 Weite Teile der Chronik stammen von Greenpeace: https://www.greenpeace.de/klimaschutz/klimakrise/teilerfolg-erster-instanz

Bildnachweis

Die angegebenen Ziffern beziehen sich auf die Positionierung bzw. Reihenfolge der Bilder im Bildteil.

Familie Backsen: 7, 11, 12, 14, 15

Gordon Welters/Greenpeace: 1, 2, 3, 4

Sören Lang: 5, 6, 9, 10

Felix Leitermann: 8

Anna Lorscheider: 13